The Science of Getting Rich

致富科學

啟動豐盛願景、轉化創造思維

讓千萬人成功脫貧的百年經典

華勒斯·華特斯·Wallace D. Wattles 著

蔡仲南 譯

contents

作者序

Preface

這本書是寫給那些迫切想賺錢的男男女女；是寫給希望能先致富，待致富之後再探討背後其哲學理論的人！

這是一本實用的行動手冊，能讓您快速致富

這本書走的是實用路線，而非理論派；這是一本實務手冊，而非論文專書。這本書是寫給那些迫切想賺錢的男男女女；是寫給希望能先致富，待致富之後再探討其背後哲學理論的人！這本書也是寫給到目前為止，那些沒有時間、方法或機會，去深入了解哲學中所謂的「形而上學」，只想趕快知道研究結果，並且將之付諸行動的人。

我希望讀這本書的你，能夠把書中闡述的道理，奉為圭臬、深信不疑，請把它當作是義大利諾貝爾獎得主馬可尼，又或舉世聞名的超級發明家愛迪生那樣的重量級大師分享給你的電學法則。因為只有你全然地相信，你才會義無反顧地去執行。也只有當你義無反顧地去執行時，你才能親自見證這些道理的真

正威力。不管是誰，所有人只要照著這本書的指示去做，都必定致富，絕無例外。這是因為這本書的科學具備絕對的精準性、完美無瑕。但如果對於這套法則背後的邏輯和理論有興趣的人，我仍會在下方先列出一些該領域特定的權威人士，供讀者參考。

萬物都是同一個實有的不同顯化，當然金錢也是

源於印度的宇宙一元論，主張「一生萬物」、「萬物歸一」，也就是說：物質世界的萬物都是同一「實有」顯化為不同的表現形式。這種一元論學說在過去兩百年來逐漸被西方世界所接受。它是所有東方哲學，以及笛卡爾、史賓

諾沙、萊布尼茲、叔本華、黑格爾以及愛默生等眾多偉大哲學家的理論基礎。

如果你對這些哲學理論基礎有所興趣，可以去讀讀黑格爾和愛默生的著作。可以的話，最好也去讀一下布朗的《永恆萬物真理》，這是一本非常好的書。同時，於一九〇九年春夏季間出版，刊載於《鸚鵡螺科學雜誌》中，由該作者所寫，標題為〈何為真理？〉的一系列文章，也都非常有幫助，值得一讀。

我在寫這本書時，已經盡可能以淺白、平易近人的文字來撰寫，所以應該不會有人看不懂。而這本書所提供的行動方針，都是從上述哲學的結論中推論而得。這些方針已經完成了全方位的測試，透過最嚴密的試驗才證明它是真實有效的。如果你還想知道這些結論是從何而來的話，那麼請你再去參考上面所提到的哲學大師著作。如果你只想要趕快享受他們的研究成果，那麼就請你繼續往下讀這本書，並且按照書中的指示去做。

顯化法則

「實有」（Substance）是指獨立存在的本質或具體事物中常住不變的實存物，也譯為「實體」或「存有」、「存在體」。後文出現的「無形的實有」、「本源的實有」、「至高的靈性」、「至高者」、「無限者」都是同樣的意涵。讀者可以依照自己的信仰或信念，將之想像為上帝、造物主、神，或是宇宙本源、宇宙能量、天地之道等等。

「顯化」（manifest）是指創造出實在、具體的事物出來。我們可以將心中的渴望，以鮮明的意象具體呈現出來，並堅持這個意圖，透過信念將其在生活中顯化出來。

1

致富的權利

The Right to be Rich

想要有錢，其實是渴望擁有一個更富足、更豐盛、更多彩多姿的人生。

貧窮不是美德，致富才是人生的權利

別再假清高了，不論怎麼讚揚貧窮的美德，沒錢的人就不可能擁有完整或完美的人生。人要是沒錢，就無法將自己的天賦與精神發展到他的極致。人類的天賦和精神，要是沒有事物來栽培，是要怎麼茁壯？而這些事物，又是哪個不用花錢來買？

人類的心智、靈魂與身體要發展，就需要運用外在的事物，而這個社會的運作方式，就是任何事物都必須花錢購買，因此，人要成長進步的一切關鍵，就在於是否掌握致富的科學。

世上所有生命的目的都是追求發展。所有生命都有權去追求它們能夠得到的一切發展，這是它們不可剝奪的權利。

人類生活的權利在於能夠自由且不受限地使用一切事物，讓他的心智、靈性與身體得以完全發展。或者換句話說，就是人類都有致富的權利。

在這本書中，我不跟你講什麼人生大道理。我不會說「人要知足常樂」之類的陳腔濫調。如果有辦法得到更多，到底有誰會甘願屈就於眼下呢？大自然的一切，就是生命在追求發展並臻於完美。所以，每個人都應該擁有能夠幫助他的人生得到權力、優雅、美好和豐盛事物的一切事物。「知足常樂」這種陳腔濫調，實在害人不淺！

一個人能擁有一切生活想要的事物，這樣才稱得上是富有。人要是沒有足夠的金錢，就不可能擁有想要的一切。然而，這個世界的發展非常迅速，我們的生活早已今非昔比、越來越複雜，回不到過去的單純了，現在就連最普通的一般人都必須擁有相當多的金錢，才能過著一個趨於完整的生活。

每個人都想將自己發展到極致。這種想要認出自身內在潛力的渴望，是人類與生俱來的天性。我們都忍不住想要成為我們有能力成為的人，試問有誰不想呢？人生的成功，在於實現心之所向。要實現心之所向，就必須使用事物。要擁有對事物的自由使用權，就必須有錢才能將它們買下來。因此，了解致富的科學，就成為了一切知識中最重要的。

想要致富，並不是罪過。想要有錢，其實是渴望擁有一個更富足、更豐盛、更多彩多姿的人生。這種渴望是值得被肯定的。凡是不想追求更充實生活的人，才是不正常的。所以，凡是不想擁有足夠的金錢來購買他想要的一切物品的人，也是不正常的。

沒有錢的人生，要如何發展身心靈？

人活著的動力有三種：

- 我們爲身體而活。
- 我們爲心智而活。
- 我們爲靈魂而活。

這三者平起平坐，沒有高低之分，並且同等重要，缺一不可。只要上述任一從缺、或者發展不全，那麼連帶其他兩項也將無法獲得充分的發展。所以，僅追求靈魂的發展，而否認心智或身體的人生是不對的，也不崇高。同樣的，僅追求心智的發展，而否認身體和靈魂的人生，也是錯誤的。

人的三大動力：

1. 身體的健康發揮。
2. 心智的健全成長。
3. 靈魂的充分發展。

我們都相當清楚，空有身體，但對心智與靈魂沒有追求的人生，後果將有多可怕。我們也知道，真正的人生是要透過身、心、靈三者，讓自己得到充分的發展。所以不管別人怎麼說，想要活得快樂富足，三者缺一不可。一個人要能夠快樂富足，就必須讓他身體的所有機能得以發揮。同樣的，一個人要能夠快樂富足，就必須讓他的心智和靈魂也是如此。只要人還有未能實現的可能性，或是沒有發揮的機能，那麼他就有不滿足的渴望。渴望，就是人類為了尋求實現的機會，或是人類為了尋求功能發揮的可能性。

- 人的身體，如果沒有良好的食物來滋養、舒適的衣物來穿著、溫暖的住所來庇護，並且能夠免受過度勞累之苦，就無法充分的發展。適當的休息與娛樂，對身體健康來說也是相當重要的。

- 人的心智，如果沒有好的書籍來陪伴、足夠的時間來研讀、充分的機會來遊歷，並且沒有聰慧的朋友相伴左右，就無法充分的發展。

  人的心智，若要獲得充分的發展，必須要有益智的休閒，並且身處在他有能力使用與欣賞的藝術與美的環境當中。

人的靈魂，若要獲得充分的發展，就必須要有愛。但是沒有錢的人生，何以談愛？

一個人最大的快樂，是來自於有能力給予、幫助他所愛的人。愛就是在這樣付出的行爲中，能夠最自然地展現、表露無疑。然而，人若一貧如洗、無法付出，除了愛無法展現之外，又該如何成家？如何育子？如何立身於國？或甚至，如何爲人？

而以上這些，沒有錢萬萬不能，通通都需要以金錢為基礎。

人類，唯有透過對物質的使用，才能讓自己的身體健全、心智發展、靈魂展現。因此，對每一個人來說，致富都是首要之務。

想要致富，真的沒有任何錯誤。這是人之常情，除非你不是正常男女。所以，你真的要全神貫注，好好地了解這門「致富的科學」，因為這可是一切知識中最重要的一切。如果你不重視這門「致富的科學」，那你就是對不起自己的人生，甚至對不起造物主及全人類！因為對於造物主或全人類來說，你所能夠做的最大貢獻就是讓自己發揮到最好。

身、心、靈的需求：

1.身體需要食物、衣物、住所、不過勞、休息及娛樂。
2.心智需要書籍、時間、遊歷、益友、益智休閒、藝術及美的事物和環境。
3.靈魂需要愛及付出。

2

有一門致富的科學

There is a Science of Gettign Rich

有一門致富的「科學」，而且它是一門相當精準的科學，就像代數或算術一樣。

「因果法則」讓你成功致富

有一門致富的「科學」，而且它是一門相當精準的科學，就像代數或算術一樣。獲得財富的過程是由一定的法則所支配的。任何人一旦學會了這些法則，並且遵守奉行，都必然會成為有錢人。這就好像一加一必然等於二那樣確定的真相。

只要按照一定的方式來做，擁有金錢和資產就是水到渠成的結果。不論你是有意為之，還是無心插柳，只要你按照這個「必然致富的法則」來做，就會發財。相反的，那些沒有按照這個「必然致富的法則」行事的人們，任憑他們再努力、再有能力，最終的結果依舊是竹籃子打水一場空，始終陷在貧困的泥沼之中。

「種什麼因，得什麼果。」這是一項自然法則。所以，任何男女只要按照這個「必然致富的法則」去做事，想不發財都難。

上述所言，絕無虛假，且繼續聽我娓娓道來：

首先，致富並非環境所然。如果致富跟環境有關，那麼身處在特定區域的所有人，都應該會財源滾滾而來。住在同個城市的人們應該都很富有，而住在其他城鎮的人們則都很窮困。或是住在某一國家的國民全都發財了，而住在鄰國的人民則身陷在貧困之中。

但是真實的情況卻是：在同一個地區裡，總是有人窮、有人富，甚至他們還做著一樣的工作。如果兩個住在一樣地點、從事相同工作的人，在財富上能有如此天壤之別，我們就能知道顯然環境不是致富的主要因素。的確，有些環境比其他環境有利，但是當兩個住在一樣地點、從事相同工作的人，一個能成功致富，另一個卻失敗了，這就表示致富是依照「必然致富的法則」做事的結果。

再者，能夠按照這個「必然致富的法則」做事而發財的人們，並非取決於天賦異稟。因為有許多天資聰穎的人依然一貧如洗，而有些人雖然資質平庸卻相當富裕。

透過了解這些致富之人的背景，我們發現他們各方面都很平凡，與常人無異，沒有比其他人更優越的天賦或能力。顯然，他們會致富，並非因為自己的天賦或能力過人，而是他們剛好都按照一個「必然致富的法則」做事。

致富也不是節省或「一毛不拔」的結果。許多小氣的人還是窮困潦倒，而有些花錢大手大腳的人卻反而財源滾滾。

致富也不是因為能做別人做不到的事。因為在相同的行業、做著一樣事情的兩個人，卻有著不盡相同的財富差距，一個成為富翁，另一人則窮困潦倒，甚至破產。

綜上所述，我們不得不承認，致富真的是按照「必然致富的法則」做事的結果。

如果按照這個「必然致富的法則」做事，就必定能夠種什麼因、得什麼果，那麼任何人都能依樣畫葫蘆，依照這個方法致富了。這整件事情都是在這門精準的致富科學的範疇之內。

致富並不是因為……

×身處的環境。
×天賦異稟。
×節省或吝嗇。
×做別人做不到的事。

照著「必然致富的法則」來做，任何人都能發大財

現在的你，心中可能會有個疑問：這個「必然致富的法則」會不會很難啊？困難到只有少數人可以做得到？就我們所見，事實並非如此。人人都做得到。天才可以致富，傻瓜也可以致富。聰明絕頂的人可以致富，資質愚鈍的人也可以致富。身強體壯的人可以致富，身體瘦弱的人也可以致富。

當然，要能運用這個方式，確實需要一點思想與理解的能力。但就目前來看，如果你能讀到這裡，沒有遇到什麼障礙的話，那麼基本上就沒有任何問題了。

此外，雖然我們說過環境不是致富的必然要素，但地點確實還是會造成影響。畢竟，一個人不會跑去撒哈拉沙漠的正中央，想要發展事業，並且還期待

能一展鴻圖、事業興隆吧！

致富必須得能跟人交易，而且重點是要待在有人交易的地方。如果這些人都願意以你喜歡的方式來交易，那就更好了。不過其實這件事的影響力，也就跟環境差不多而已。

如果你居住的地區，只要有人能發財，那麼你也能發財。甚至只要你所在的國家中，有人能發財，那麼你就一定也能發財。

容許我再嘮叨一次，你發不發得了財，跟你從事什麼行業或專業都無關。各行各業，都不乏能把錢財賺得盆滿缽滿的人。但住在他們隔壁，從事同行的鄰居，卻依然窮困。

當然，如果你能從事自己有興趣的事情以及適性發展，將會得到最好的發揮。而如果你在某方面有過人的才能，並且已經爐火純青，那麼你在需要這項才能的行業中肯定能飛黃騰達。

此外，如果你經營的事業適合所處的環境，也會做得最好。例如：在溫暖的地帶賣冰淇淋，絕對比跑去格陵蘭賣冰淇淋來得生意興隆。在美國西北部捕撈鮭魚的漁夫，也會比跑去佛羅里達捕撈成功，因為那地方根本不產鮭魚啊！

但是，除了這些一般的限制之外，你能不能致富和你所從事的行業沒有太大影響，而是取決於你是否學會按照「必然致富的法則」做事。如果此刻你身邊的同行都正發著大財，但你卻沒有，那就代表你沒有按照他們奉行的同樣「法則」做事。

沒有人會因為缺乏資本而無法致富。的確，當你擁有資本，賺錢確實會比較容易、賺錢的速度也比較快。但一個擁有資本的人已經算是有錢人了，早就不需要煩惱如何致富。不管你現在多窮，只要按照這個「必然致富的法則」來做，就能開始變有錢，想要的資本也能夠自然而來。而取得資本的過程，其實也是致富的過程之一，並且也是按照這個「必然致富的法則」來做之後一定會得到的結果。

就算你是這世界上最窮的人，並且負債累累，或者就算你沒有人脈、沒有影響力，也沒有資源，但只要你按照這個「法則」做事，你想不發財都難——因為種什麼因，就必定會得什麼果。如果你沒有資本，那麼你可以得到資本。如果你入錯了行，那麼你可以找到適合你的工作。如果你所處的職位不對，那麼你也會轉到正確的位置去。因為只要你按照這個「必然致富的法則」來做，上述的困境都將離你遠去，並且成功將迎你而來！

因果法則：

這本書講的「因果法則」（種什麼因、得什麼果），是指：

- （原因）按照必然致富的法則行事。
- （結果）成功致富！

3

有致富的機會嗎？

Is Opportunity Monopolized?

願意順應時代潮流，而不要試圖逆勢而為，這樣的人會有很多機會。

順勢而為，機會就會源源不絕

人之所以還陷於貧窮，並不是因為致富的機會被人奪走。人之所以還陷於貧窮，並不是因為其他人獨占了財富，讓窮人不得其門而入。你也許被某些行業拒於門外，但是就如同我們常說的：「上帝為你關上一道門，必定會幫你打開另扇窗戶。」

打個比方來說，在現今蒸汽火車系統已趨飽和的情況下，或許你已經沒辦法在這項事業上分到一杯羹。但是現在電氣化鐵路運輸才正要開始蓬勃發展，創造了龐大的事業機會。甚至，再過不了幾年，航空運輸也將異軍突起，將為這個世界帶來數以百萬計的工作機會。所以，山不轉路轉，路不轉就人轉啊！你又何必要執著在蒸汽火車的事業上，跟鐵路大亨詹姆斯・杰羅姆・希爾做無意義的競爭，何不乾脆換個方向，往正要起步的航空領域發展呢（譯注：本書出版的年代是二十世紀初期，當時航空運輸尚不發達）？如果你是在一家被壟斷的鋼鐵業當名普通工人，當然你不太可能有成為這家工廠老闆的一天，但是只要你按照「必然致富的法則」行動，你一定能很快地擺脫鋼鐵業壟斷的情況。你大可去買一塊十到四十英畝的農地，然後開始你的食品原料生產事業。以目前的情況來說，只要你肯努力耕耘，這個領域可說是一片藍海，也一定能發大財！你或許會說：「我哪有辦法買下這麼一塊農地？」但是我可以向你證明，只要你按照「必然致富的法則」工作，買塊農地將不再遙不可及。

依照該時期「整體」需求的改變，以及社會發展的個別階段，機會的浪潮也會朝著不同的方向湧來。以美國目前（編按：本書於一九一〇年出版）的情況來說，務農以及從事農業相關的事業，正是機會所在。目前從事務農事業，或者提供農業相關服務的人們，機會都好過一般工廠的勞工階級。

願意順應時代潮流，而不要試圖逆勢而為，這樣的人會有很多機會。

所以，不論你是不是工廠工人或是一名勞動階級，機會都還是握在你的手裡。工人之所以會「落到」他們的主人手裡，並不是因為他們的發展受到了大企業或財團的「限制」，而是因為他們沒有按照「必然致富的法則」做事。只要美國的工人選擇這樣做，他們也能夠像比利時和其他國家的工人一樣，晉升為雇主階級，能夠開展事業、經營百貨。他們能選舉自己階級的人出來擔任公職，並且通過有利於發展這種合作產業的法律；甚至在幾年後，他們就可以和平地稱霸該產業。

勞工階級只要開始按照「必然致富的法則」做事，就可能晉升為雇主階級。因為財富的法則向來一視同仁，並不會因人而異。他們必須學會這套法則。除非他們依照舊有的方式行事，才會一直保持現狀。然而，即使個人身處勞工階級，並不會受到整體勞工階級的態度或氛圍所累，他仍能順應潮流，把握致富的機會。而本書將會揭露該如何辦到。

如同我上述所言，人之所以貧窮並不是因為財富的供給短缺。事實上，財富的供給遠大於所有人的需求。光是美國一個國家所擁有的建築資源，就足夠讓全世界的每個家庭都蓋出如同美國國會大廈般華麗的宮殿來住。透過努力的耕作與養殖，美國也能生產出足夠的羊毛、棉花、亞麻與絲綢，讓全世界所有人都能穿上極盡奢華的衣裳，甚至比《聖經》中鉅富所羅門王盛裝時穿的衣裳更加華麗。而美國能供給的食物，都將豪華豐盛至極。我們看得見的資源早已取之不盡；而看不見的無形資源，就更真的「是」用之不竭了！

人之所以貧窮，並不是因為……

×致富的機會被奪走。
×其他人獨占財富。
×財富的供給短缺。
×資源的匱乏。

取之不盡、用之不竭的「本源的實有」

你在世界上所見的一切萬物，都源自於同一個「本源的實有」所創造，所有一切都是由它所出。

新的樣子不斷被創造出來，而舊的樣子則正在消散。但這一切樣子，不論新舊更迭，皆源自於「一」。

這個「無形之源」或「本源的實有」，是無窮無盡的。雖然宇宙的誕生源自於它，但並沒有將其用盡。在我們這個可見的有形宇宙裡，在各個空間之中以及之間，都充滿且遍布著「本源的實有」，都充滿且遍布著「無形之源」，都充滿且遍布著可用來創造一切萬物的所有原料。就算用來創造超過現在地球上一萬倍以上的事物，仍舊綽綽有餘，不會枯竭。

所以，沒有人的貧窮是因為大自然的資源匱乏或是因為供給短缺。

大自然是取之不盡的豐盛寶庫，其資源永遠不會短缺。「本源的實有」是活生生的、具創造性的能量，時時刻刻都在創造出不同樣貌的事物。當建築資源竭盡了，它就會創出更多建築資源供使用。當土地貧瘠了，導致食物與衣材的來源不再能夠透過耕種而得，它就會使土地恢復生機，或是創造出更多的土地來生養。當地球上所有的金礦銀礦都被挖盡了，如果屆時人類社會仍然需要這些資源來發展，「無形之源」就會創造出更多的金礦銀礦。這個「無形之

一生萬物

作者提到的「一生萬物」一元論是源於印度的哲學傳統，書中則常用的《聖經》例子來說明，唯一的神創世、創造萬物。

源」回應著人類的需求，確保人類不會缺乏美好的事物。

而上述所言適用於全人類。我們人類這個物種，整體都應該過著富足的生活，要是有人貧窮，那肯定是因為他沒有按照這個「必然致富的法則」來做。

「無形之源」是有智慧的，它是一個會思想的源頭。它有生命，並且時時刻刻都在幫助更多的生命提升。

生命的本質以及與生俱來的天性，就是尋求提升。這個「大智慧」的本質就是擴展自己，以及擴展意識的疆界，讓其得到更完全的展現。而這個有形的宇宙，就是由這個「無形的生命實有」所創造出來的，要的是為自身尋求更完全的發展。

宇宙就是一個偉大的「生命臨在」，總在尋求更完整的生命以及展現更完全的機能。

大自然就是為了生命的進化而生的。大自然的使命就是要增進生命的發展。所以，任何對生命有所助益的資源，大自然都將毫不保留地提供。除非造物主想要否定祂自己，拋棄祂自己的創造物，否則資源永遠都不會匱乏。

所以，你之所以貧窮並不是因為缺乏豐盛的供給。這點我將會進一步說明，因為無論男女，只要人們按照「必然致富的法則」行動及思想，就連這個「無形的供給」都將為你所用。

4

致富科學的第一個原則

The First Principle in the Science of Getting Rich

致富的科學，始於你對它的全然相信。

相信思想的創造力量，了解思想的創造歷程

思想是唯一的力量，能從這個「無形的實有」創造出有形的財富。這個創造一切萬物的「本源」是一個具思想性的實體，並且這個「實有」的思想都會創造出具體成真的事物。

「本源的實有」會依照其思想來運作。你在這個自然界中所見的一切形體和進程，都是「本源的實有」裡每個思想的具體表現。當「無形的本源」想到一個形體時，它就會創造出那一個形體。當它想做一個動作時，就會做出那樣一個的動作。這是一切萬物被創造出來的方式。所以我們身在一個思想性的世界中，是宇宙思想的一部分。

當「無形的實有」出現了宇宙運行的思想後，這個「思想之源」就按照其思想創造出來，形成各個不同的星體，並依照其所想來運行。「思想的實有」依照思想的形式來創造，也依照思想來運作。有了恆星和眾多世界的想法後，就形成了這些星體，並依其所想來運行。想著一棵生長極為緩慢的橡樹品種，就依照其想法創造出這樣一棵樹，儘管這可能需要經過幾千年之久。在創造的過程中，「無形」似乎也遵循著一套既定的規則來運行。有了一棵橡樹的思想，並不會立刻變出一棵已長成的橡樹，而是會按照橡樹既定的生長法則，啟動讓這棵樹開始生長成形的各種力量。

在「思想的實有」裡的每一個思想，都必然會被具體創造出來，但是一般來說，都會遵循一套既定的成長流程與行動逐漸形成。

再舉個例子來說，如果「無形的實有」形成一個特定建築物的思想，也許該建築物並不會轟然一聲突然現身，但它會透過當前的貿易或商業環境中既有的創造能量來促使這棟建築物迅速落成。只有在當下沒有任何可用的管道時，那麼「無形的實有」才會讓這棟房子直接出現在這個世界上，而不去等這個有機和無機的世界慢慢發展。

每一個傳遞給「無形的實有」的思想，都能促使一個對應事物的創造。

思想如何創造出形體來？

最佳例證就是《創世記》1：3的記載，當上帝說「要有光」，於是「就有了光」。上帝有了「要有光」的思想，就「有了光」的創造實現。

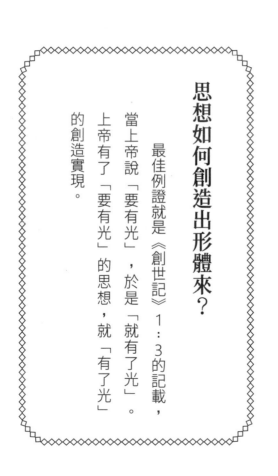

人類是思想的中心，能與無形的實有共同創造全新事物

人類是一個思想中心，人類自己就能思考。人類用他的雙手所創造出來的任何東西，必定始於他的心中想法。他一定是先想到一件東西的樣子，否則就無法造出那件東西。

然而到目前為止，人類只將他們全部的心力投在雙手上。人類一味地想要透過雙手的勞動，改變或修正這個世界上既存的有形事物，讓它們變成自己喜歡的樣子。但是人類卻沒想到，可以試著將自己的思想傳達給「無形的實有」，讓它幫忙創造出全新的事物。

當人類想到要做的東西時，通常他會從大自然取得各種材料，按照他心中所想，造出那件東西。到目前為止，人類幾乎和「無形的智慧」沒什麼合作。

人類幾乎不曾「與天父」一起工作。終日埋頭苦幹的人類，從沒想過自己也能做到「父所做的事」（《約翰福音》5：19）。人習慣透過勞力重塑或修改既存的有形東西。人類沒想過可以向「無形的實有」傳達自己的思想，創造出東西。我們要證明人類可以這樣做。任何人，無論男女都可能做得到。我們也要說明這要如何做到。我們的第一步，必須先以三個論述為基礎，並且斷定為真：

1. 我們要相信「無形的本源」或「實有」確實存在，它是萬物之始。其原形遍布於整個宇宙之中，但有不同的展現形式。而且世上的任何一切，不論其爲有機或無機，都是該「本源」的不同展現。
2. 「本源」是思想之源。它任何的想法，都會創造出對應的事物。
3. 人類是一個思想的中心，具備產生思想的能力。只要人類能將他心中的思想，傳達給那個「思想的實有」，那麼人類就能讓心中的思想被創造出來或出現形成。

換句話說，也就是：

1.這世上有一種具有思想的本源存在，它的原形遍布於世，並且是萬物之源，能滲透、穿入及充滿在這個宇宙之中。

2.在這個「實有」裡，一個思想會產生對應的事物，並按那思想創造出來。

3.人類可以在他的思想裡構思各種事物，藉由將他的思想傳給「無形的實有」，如此一來，他所想的事物就會被創造出來。

以「必然致富的法則」來思考，當自己思想的主人

可能有人會問我：「你有辦法證明這些論述嗎？」我的答案是肯定的，不需太多細節，只要透過邏輯和經驗就可以簡單地證明。

首先以邏輯來說，從「有形的事物來自於無形的思想」逆推，可知：這個世上存在一個具有思想的「本源的實有」。再從這個「具備思想的實有之運作方式」順推，可知：人類也具備能讓思想「心想事成」的能力。

接著透過經驗，我也能證明我的推論是正確的。以下就是最強力的論證：只要有人因為讀了這本書，並且按照書中的方式行動，從而致富的話，就能說明我的論述應該是正確的。但要是所有人都能因為按照書中的方式行動，從而致富的話，那麼除非有人依照完全相同的方式去做卻失敗了，否則就表示

我的主張是對的。只要這個方法管用，那麼這個理論就是正確的。而且這個方法絕對不會失效，因為請容我再重申一次：「所有人，只要照著這本書的指示去做，都必定致富！」

我曾說過：「人們按照一個『必然致富的法則』來做事，都一定致富。」而要能夠按照「必然致富的法則」行動，首先這個人先能以「必然致富的法則」來思考。

因為一個人如何思考，會直接影響他做事情的方式。

要能夠按照你想要的方式去行動，首先你必須先學會能夠按照你想要的方式思考。這是邁向致富的第一步。

要能夠按照你想要的方式思想，關鍵在於不被現實的「表象」左右，而是去相信你的心中所想為「真相」。

所有人都具備思想的能力，這是與生俱來的。但是要能夠自由地思想，而不被周圍的表象左右，這就有點難度了。依表象去思想很容易。但要能夠堅持，並且不受干擾地相信自己的心中所想為真相，是相當耗費精力的。

沒有什麼事情比相信自己的心中所想為真，並且能堅定不移、持之以恆還要更累的了。這可是堪比世界級的艱難任務。特別是身處於與心中所想相反的環境時。因為我們的思想都會被可見的環境所囚禁，以為自己的人生真的就只能這樣。而要讓思想自由、破除環境囚牢的方法，就是堅信自己的心中所想為「真相」。

要是你的思想被疾病的表象左右，那麼你的心中就會產生相應的想法，最終將導致疾病發生在你的身上。除非你的心中能堅定不移地相信，這個疾病並不存在。疾病只是表象，實相為你是健康的。

要是你的思想被貧窮的表象左右，那麼你的心中就會產生相應的想法。除非你心中能堅定不移地相信，貧窮並不存在。這世上只有豐盛。

身處在疾病或貧窮的表象之中，思想要能不被影響，是需要力量的。但能夠得到這個力量的人，將真正成為自己「思想的主人」。他將能隨心所欲。

思想創造實相

✕表象：我生病了。

思想被疾病的表象左右，那麼你的心中就會產生相應的想法（生病），最終將導致疾病發生在你的身上。

✔實相：我是健康的。

相信「疾病並不存在」，相信「我是健康的」，於是你就成為健康的人。

✕表象：我是貧窮的。

思想被貧窮的表象左右，那麼你的心中就會產生相應的想法（貧窮），最終將導致貧窮發生在你的身上。

✔實相：我是豐盛的。

> 相信「貧窮並不存在」，相信「我是豐盛的」，於是你就成為豐盛的人。

而要取得這個力量的唯一方法，就是看破一切的表象。並且堅信其背後唯一的事實：這世上有一個「思想的實有」，並且世上的任何一切都是源自於它，是它所創造出來的。

接下來，我們還要抓住另一個真相：任何一個存在於「實有」的思想，都將具象成為一個實體；並且人類也能夠透過將他們的思想傳達給這個「實有」，讓他們的思想得以展現，成為有形的事物。

當我們明白這一點後，我們將不再懷疑，也無所畏懼。因為我們真的相信：我們可以創造出我們想創造的一切；我們可以獲得我們想獲得的一切；以及我們可以成為我們想成為的人。

重點摘要

邁向這一切的第一步，就是要完完全全地相信這一章剛才提及的三個論述，請容我再次強調：

1.這世上有一種具有思想的本源存在，它的原形遍布於世，並且是萬物之源，能滲透、穿入及充滿在這個宇宙之中。

2.在這個「實有」裡，一個思想會產生對應的事物，並按那思想創造出來。

3.人類可以在他的思想裡構思各種事物，藉由將他的思想傳給「無形的實

有」，如此一來，他所想的事物就會被創造出來。

你必須得將對宇宙的其他想法都先暫時放下。你必須仔細思考這本書傳達給你的一切，直到它成為你習以為常的思想。請反覆閱讀上面幾句話。讓每個字都深刻地記在你的腦海中，直到你對它深信不疑為止。請記得，要是心中出現了一絲疑慮，請立刻把疑慮當作罪惡般拋到一邊。不要去聽任何質疑這個觀念的言論，不要去關注任何宣揚著相反理論的演講或講道，也不要閱讀任何教導不同想法的書籍或雜誌。因為一旦你的信念被混淆了，那麼你先前的一切努力，都將功虧一簣。

這些事情無須問其真假，也不用想其原由。儘管相信就是。

因為致富的科學，始於你對它的全然相信。

5

提升生命

Increasing Life

唯有致富，我們才能夠享有豐富的資源，滿足生命提升的渴望。

無須安貧才能樂道，你追求的是生命的提升

你必須根除這種陳腐的觀念：神要讓你貧窮一輩子，或是冥冥之中就是有股「神力」要讓你安貧才能樂道。

這個本身就是「一切」、存在「一切」之中、活在「一切」之中，也活在你內在的「智慧的實有」，它是有意識的。因為它有意識，所以它也具有一切生命與生俱來的渴望，也就是讓生命更為提升。因為所有生命為了生存，都必須尋求不斷的進化。因為所有生命為了生生不息，都必須使自己的生命更加提升。

一顆種子只要落入土壤中就會萌芽，並且在這生命成長的過程中會生出更多的種子。所以我們可以說，所有的生命在生長過程中，就是會不斷成長。每

一個生命永遠都會「變得更豐富」。這是永恆不變的真理，只要生命存續，必然如此。

- 我們人的智慧是不斷提升的。因爲我們每一個的思想，都會促使我們開啓另一個新的思想。
- 我們的意識是不斷提升的。因爲我們每了解一個事物，都會促使我們去了解另一個事物。
- 我們的知識是不斷提升的。因爲我們學會的每一項才能，都會促使我們萌生學習另一項才能的慾望。

我們都受到生命的驅使，追求提升。所以我們不斷地學、不斷地做，為的就是讓自己的生命得到更完整的發展。

而為了要學得更多、做得更多，並且讓自己發展得更完整，那麼我們就必須擁有更多事物。因為為了要學得更多、做得更多，並且讓自己發展得更完整，我們必須有資源可用。而唯有致富，我們才能夠享有豐富的資源，滿足生命更豐盛的渴望。

我們對財富的渴望，其實就是生命為了追求更完整的展現機會。每一種渴望，都是希望有機會將自身潛能化為行動的努力。潛能想要加以實現，就會產生渴望。我們想要賺得更多金錢的渴望，就如同植物生長想要讓自己能夠綻放一樣。這就是「生命」，追求更完整的展現。

生命要獲得最完整的展現，得到可取用的資源，唯一的辦法就是致富

而「這一個活生生的實有」也依循著生命與生俱來的法則。因為生命的渴望遍布在它之中，而這也說明了它為什麼必須創造。

而「這一個實有」想要你獲得更好的發展。所以它希望你能夠得到一切你能夠使用的東西。

你應該要賺大錢，這同時也是造物主的渴望。因為如果你有豐富的資源可用，這樣一來，你才能夠更展現自己，而造物主才能夠透過你來展現祂自己。如果你能夠不受限制地使用生命中的一切，那麼造物主也將能透過你而體驗到更多。

- 宇宙希望你能擁有你想要的一切。
- 大自然會幫助你執行你的計畫。
- 所有事物都是爲你而存在的。
- 請相信這是眞的。

然而，這必須建立的前提是：你的意圖與「一切」的意圖是一致的。

你追求的必須是真正完整的生命，而非單純的享樂或肉體的滿足。生命是各種機能的展現。一個人必須在生理、心智以及靈性的各種機能都得到完整且均衡的展現時，才稱得上真的活著。

你想要致富的原因，並不是像隻動物一樣，只為了能吃飽喝足，有充沛的物質生活就好。那並不是真正的生命展現。但是不可諱言的，每一項生理機能都是生命的一部分，如果身體正常、健康的需求得不到滿足，確實也無法獲得真正的生命。

你想要致富的原因，並非只是為了心智上的愉悅，像是為了滿足求知慾、實現自己的抱負、勝過他人，或是取得名望等。儘管這些都是生命中正當的一部分，但人如果只追求心智層次的愉悅，他的生命必然是殘缺不全的，他的人生終將得不到滿足。

你想要致富的原因，也並非只是為了能幫助他人、捨己救人，以此享受慈善和犧牲等利他行為所能帶來的快樂，因為這些靈魂層面上的追求只是生命的一部分，並沒有比其他兩者更優越或崇高。

你想要致富的原因，是為了在需要的時候能夠豐衣足食，滿足身體的渴望。你想要致富的原因，同時也是為了能身處於美的環境之中，遊歷四方、增廣見聞，滿足心智的渴望。你想要致富的原因，同時也為了能關愛他人、多行善舉，協助世界尋找真相。

但請你記住，極端的利他思想並不會比過度的自私更好或高尚。這兩者都是錯誤的。

記住，請不要以為造物主會因為你的捨己為人而多施惠於你。因為這不是造物主想要的。

造物主想要的是你能盡可能地成就你自己，這是為了你自己，也為了他人。因為透過努力地成就自己，比起任何其他方法更能幫助別人。

而生命要獲得最好的展現，唯一的辦法就是致富。所以理所當然的，致富應該是你的首要目標，是值得稱讚的行為。

捨棄競爭性思維，創造自己想要的一切

不過，請你記住，「實有」的渴望是造福天下萬物，因為它普遍存在於萬物之中，它的所作所為都會以「使全天下的生命更完美和富裕」為出發點。這個「智慧的實有」並不會為了你而奪走其他人的資源，而是創造出屬於你的資源來給你。

請你捨棄競爭性思維。你要做的是創造，而不是與他人爭奪既存的東西。

- 你並不需要奪走別人的任何事物。
- 你並不需要與人斤斤計較。

- 你並不需要欺騙或占人便宜，你不需要壓榨他人，奪走他努力工作應得的報酬。
- 你並不需要羨慕或覬覦他人的財產。因爲別人擁有的，你都能擁有。並不需要從他人那邊奪取過來。

競爭性思維：

×奪取別人的事物。
×與人斤斤計較。
×欺騙別人。
×占人便宜及壓榨他人。
×覬覦別人的財產。

你該成為的是一名創造者，而不是一個競爭者。如此一來，你終將得到你想要的東西，而在這個創造過程中，別人也會因此而獲得比現在更多的事物。

我知道這世上有些人用的致富方式跟我說的不一樣，違反了書中的原則，卻仍然獲得大量的財富，所以這裡我必須稍加解釋。這些富可敵國的富翁，有些是透過他們本身優越的競爭力而致富，有些則是在無意間參與了「實有」的偉大意圖，透過了工業革命的手段追求整體生命進步的活動與計畫，例如石油大王洛克斐勒、鋼鐵大王卡內基以及金融梟雄摩根等等，都在無意間替「至高的實有」對這個社會的產業發展進行了必要的系統化與組織，而他們的貢獻的確增進了全天下人的生命福祉。不過，他們的工作已經告一段落了，他們已將生產工作組織化了，接下來將會由其他人接手，進行後續分配機制的建立。

這些富翁就像是史前時代的爬蟲類巨獸，在演化的過程中扮演了重要的角色，但是將他們創造出來的「力量」，最後也終將他們掃進歷史的灰燼。要知道，這些人其實從來都沒有真正富有過。根據紀錄，這類階層的人，他們的私生活其實都是相當悽慘悲涼的。

透過競爭而得的財富，既不永恆，也無法讓人滿意。因為這些財富稍縱即逝，今日或許落到了你的手中，但明日可能轉眼又被他人奪去。請記住，如果你要以科學且必然致富的方式賺大錢，那麼你就得離開競爭性思維。你千萬不能存有一絲想法：認為這世界的財富供給是有限的。當你認為這世上的所有財富都已被銀行家或他人「獨占」或控制，你需要透過立法才能扭轉局面等等，你就陷入了競爭性的心智裡，而你的創造能力會在同時間失去了。更糟糕的是，你可能會扼殺掉你先前為創造所做的一切努力。

請記住，還有滿坑滿谷、價值連城的黃金都還埋在地球上，等待出土的那天。而且也別忘了，要是黃金沒有了，那麼「思想的實有」肯定會創造出更多黃金來滿足你的需要。

請記住，你需要的金錢一定會到來。就算那些黃金在未來需要動員上千人力、耗費千辛萬苦挖掘才能得到，也必定會到來。

💲不要把眼光放在看得見的供給上。請將注意力放在那「無形的實有」中蘊含的無限財富上，而非既有的有形財富。

💲請記住，你能夠接收和使用這些財富的速度越快，它們到來的速度也就越快。而且沒有人能透過壟斷現有的有形財富，使你得不到你應得的財富。

所以請千萬不要存有這樣的想法：我要是不趕快行動，在我準備好蓋自己的房子之前，所有好的地點都會被搶光一空了。不用擔心有一天全世界都會被那些財團買走。不用害怕自己會被別人「捷足先登」，而失去所有該屬於你自己的事物。這種事情是不可能會發生的。你不用去尋找其他人擁有的東西，而應是從「無形的實有」中創造你想要的事物，而且這種供給是無窮無盡的。

重點摘要

所以再次請你牢牢記住以下論述：

1.這世上有一種具有思想的本源存在，它的原形遍布於世，並且是萬物之源，能滲透、穿入及充滿在這個宇宙之中。

2.在這個「實有」裡，一個思想會產生對應的事物，並按那思想創造出來。

3.人類可以在他的思想裡構思各種事物，藉由將他的思想傳給「無形的實有」，如此一來，他所想的事物就會被創造出來。

6

財富如何來到你身邊？

How Riches Come to You

「你們的父樂意把國賜給你們。」（《路加福音》12：:32）

賣給他人的使用價值，要高過你得到的金錢價格

我先前說的「你不需要與人斤斤計較」，我的意思並非你在交易時都不用跟人講價，也不是說你都不需要與人來往打交道。我的意思是，你不需要不公平地對待別人。你不應該不勞而獲，反而要做到：提供給別人的價值，要比你從他們身上取得的還要更多。

或許你付給別人的金錢價格，無法高於你從他人身上取得的金錢價格，但是你提供給他人的「使用價值」，卻可以高於你從他人身上取得的金錢價格。打個比方來說，這本書的墨水、紙張和其他製作成本可能遠低於它的售價，但要是這本書所承載的知識能為你帶來許多財富，那麼賣這本書給你的人就沒有虧待你。因為他們用比較低的金錢價格，提供了你大量的使用價值。

價值不同於價格：

以這本書為例：
金錢價格＝這本書的售價。
使用價值＝這本書乘載的知識。

以一幅名畫為例：
金錢價格＝五百美金。
對愛斯基摩人的使用價值＝零。

再打個比方來說，假設我有一幅知名畫家的畫作，而這幅名畫在任何已開發的文明社會都價值連城。但是如果我到位於北極的巴芬灣，透過「話術」，把它賣給了一個當地的愛斯基摩人，換來一綑價值五百美金的動物毛皮。那麼這下我就占了他的便宜，因為那幅名畫對他來說，根本沒有任何使用價值。這幅名畫對他的生活並不會有任何幫助。

但如果愛斯基摩人的動物毛皮，我是用一把價值五十元美金的槍枝交換來的。那麼這對他來說，就會是一個相當值得的交易。因為這把槍對他有使用價值，他能夠用這把槍枝獵到更多的毛皮和食物。這將大大豐富他的生活，進而幫助他致富。

當你從競爭性思維中跳脫出來，進入創造性思維時，你必須要謹慎檢視你的每項交易。

- 要是你賣給別人的任何東西，提供給他人的使用價值，無法高於你得到的金錢價格，那麼你就應該作罷。
- 你做生意並不需要傷害其他人。如果你當下的生意是靠傷害他人才能存活，那麼請你立刻改行。

請記得，進行商業交易時，提供給他人的使用價值，永遠要高於你從他人身上取得的金錢價格。如此，你的一切交易行為，才能使這個世界的所有生命越發豐盛。

如果你有雇用員工，想必他們幫你賺的金錢價格會遠高於你付給他們的薪水數目。但是你可以透過規畫你的事業，讓你的事業成為一個充滿成長的機會，是幫助每一個員工進步的場所，這樣一來，所有願意跟你共事的員工，每天都能進步一些。

你將這本書所教你的方法，如法炮製在你的事業上，並讓你的員工跟著受益。把你的事業規畫成是一個能夠階梯式進步的場所，讓所有不畏艱辛的員工都能一步步的進步，最終他們也能一起邁向財富的殿堂。如果你已經給了這樣的機會，那麼那些不願意進步的人是貧是富，也就跟你無關了。

想像你已經擁有你想要的東西了，越具體越好！

接著要說的是，雖然你是透過這個遍布於一切的「無形的實有」來創造出你的財富，但這並不意味著你的財富就會從虛空無中生有，在你眼前憑空冒出來。

比如說，如果你想要一台縫紉機，我的意思不是叫你一直憑空想著一台縫紉機，將這樣的思想傳達到「思想的實有」，請它憑空變出一台縫紉機到你的面前給你。相反的，如果你想要一台縫紉機，你在心中要有正面的思想，要相信這台你要的縫紉機目前已經在製造中，或者已經在運送到你那兒的路上了。

記住，一旦形成一個想法，就要持之以恆，並且絕對相信這台縫紉機已經在到來的路上了。包括你心裡所想的和你嘴上所說的一切，都必須把那台縫紉機當作已經是你的東西似的。

「至高的智慧」一定會遵照人類的意念，用它的力量將你想要的東西帶到你面前。如果你住在美國東北方的緬因州，那台縫紉機就算是遠在美國南方的德州，或是地球另一端的日本，都會有人不遠千里而來與你交易，把它帶到你面前。

而且這項交易發生了，那就說明你們雙方都得到了相符的利益，是雙贏的局面。

時時刻刻都要記住，這個「思想的實有」無所不在，它創造一切，它與一切交流，並且影響一切。「思想的實有」對於提升生命的追求渴望，能促成世上所有縫紉機的製造，而只要人們按照「必然致富的法則」行動，抱持著堅定的渴望和信念，他所想要的縫紉機甚至能源源不絕地製造出來。

你想要在家裡有台縫紉機，你是絕對能夠擁有它的。其他你想要的一件東西或任何東西都是如此，這些東西都能夠為你所用，為你的生命及他人的生命增添豐盛。

你並不用擔心自己是否要求過度了，因為正如耶穌所說：「你們的父樂意把國賜給你們。」（《路加福音》12：32）

活在你之中的「本源的實有」，希望你活出最大的可能性，並且也希望你能得到一切能用來為你的生命增添豐富的事物。

如果你堅信，你想要致富的渴望其實就是「全能之神」想要更完全展現自我的渴望，那麼你就能擁有不可動搖的無敵信念了。

貧窮與自我犧牲都無法讓神喜悅，造物主要透過人類來成就祂的美意

有次我看見一個小男孩在一台鋼琴前使勁地彈呀彈的，只可惜發出的聲響實在稱不上美妙動聽。我看著他既哀傷又懊惱，只因為他無法彈出動人的音符。我問他怎麼了，他說：「我感受得到美妙的音樂在我的內在流淌，但我卻沒辦法透過雙手將美妙的音樂帶到這個世界上。」其實小男孩內在的音樂，就是「本源的實有」的推動力，它想要透過這個小男孩將音樂展現出來。

我們的造物主，也就是「唯一的實有」，希望能透過人類來體驗自己、享受一切。祂似乎在說：「我要人們的雙手蓋出宏偉的高樓大廈、彈出美麗的動人樂章，以及畫出絢麗的曠世傑作。我要人們的雙腳能為我而行，我要人們的雙眼能看見我的所造之美，我要人們的口舌能道出偉大的真理，並唱出美妙的

歌曲……」

所有一切都是造物主透過人類尋求展現的機會。造物主希望擁有音樂天賦的人，都能夠擁有他們想要的鋼琴和所有樂器，並且能將他們的音樂才能發揮到極致。造物主希望能夠欣賞美的人，都能身處於美的環境之中，享受美的薰陶。造物主希望能夠明辨真理的人，都能夠有機會四處遊歷、增廣見聞。造物主希望對穿著有品味的人，都能夠穿上最美麗的衣裳。造物主希望懂得品嘗美食的人，都能夠享受豪華盛宴。

造物主讓一切發生，是因為祂自己想要享受及欣賞這一切。是造物主想要演奏動人的樂章，想要吟唱美妙的歌曲，想要欣賞藝術的美好，想要宣揚偉大的真理，想要穿上華麗的衣裳，並且想要品嘗美味的食物。

就如同使徒保羅所說：「因為你們的立志行事都是神在你們的心裡運行，為要成就他的美意。」（《腓立比書》2：13）

你想要致富的渴望，其實就是「無限者」希望能透過你來展現祂自己，就如同祂希望能透過那個彈著鋼琴的小男孩而呈現美妙琴聲一樣。

你眞的不用擔心自己會要求的過多。

你應該專注的任務是努力實現造物主的渴望。

但大多數人卻很難理解這個真理。他們總停留在舊觀念裡，認為貧窮與自我犧牲才能讓神喜悅。他們視貧窮是造物主神聖計畫的一部分，是大自然的本質。他們認為神已將創造完成了，而且所有的材料在創造過程時都用盡了，而因為材料已經匱乏了，所以大部分人都只能處於貧窮之中。大部分人抱持著如此的錯誤觀念，以至於他們甚至覺得追求富裕是種羞恥的行為，導致他們甚至壓抑自己的渴望，只求能安穩度日。

人可以擁有一切財富，但你的心中願景明確而豐盛嗎？

這讓我想起一個學生，有人告訴他，他必須要在心中非常清楚地想著他想要的事物，這樣一來，這些創造性思維才能夠傳達給那「無形的實有」。他原本家徒四壁，住在租來的房子裡，並且薪水微薄，只夠當天花用。他從沒想過，其實他擁有一切的財富。他把別人告訴他「人可以擁有一切財富」這句話來回思考後，認為要求一張新的地毯鋪在客廳，還有一台暖爐在天冷時取暖，應該不為過。

就這樣，他按照本書中指導的方式行動，在幾個月後，他就得到了這些東西。他突然發現，他要的還不夠。他走遍了家中的所有角落，詳細地規畫一切他想要改造的地方。他在心中為這間房子新加了一扇凸窗和一間房間，直到在心中完整描繪出理想的房子形貌。接下來，他又開始在心中規畫想要的家具。

在他心中抱持著整體的圖像，並且開始依照「必然致富的法則」生活，朝著他想要的一切前進。所以，他現在已經擁有這間理想的房子，而且依照心中的意象重新裝潢了。現在，他的信念更堅強了，他也持續得到更好的事物。這一切，都始於他堅定的信念。既然他做得到，那麼我們每個人也就一定都能做到。

7

心存感謝

Gratitude

心存感謝的態度，能拉近你與這些祝福的來源之間的距離。

與造物主建立和諧的關係，心存感謝才能與神完美連結

上一章所提到的內容，應該能夠向讀者清楚地說明，想要致富的第一步，就是要將你心中所想的思想傳達給「無形的實有」。

這是真的，並且為了要能讓你的思想傳達給「無形的智慧」，你必須要與「無形的智慧」建立起和諧的關係。

為了要讓你明白建立和諧的關係有多麼重要，這裡我會再用一點篇幅來討論，並且給你一些建議，如果你能按照這些指示行動，那麼你的心智必然能與造物主完美地連結在一起。

我要給你的建議，就是要調整你的心態，而調整心態的整個過程，一言以蔽之，就是要心存感謝。

💲第一，你得相信這個「智慧的實有」存在於世，並驅動著萬物的運行。

💲第二，你得相信這個「實有」會爲你帶來你所想要的一切。

💲第三，你得打從心底深深地感謝，才能與這個「實有」建立良好的關係。

許多人生活雖然井然有序、打點得當，但因為沒有心存感謝，而始終深陷貧窮之中。雖然收到了來自造物主的祝福，但因為不懂得表示感謝，而切斷了他們與造物主之間的連結。

所謂「近水樓台先得月」，財富也是如此，越是靠近財富，我們就能獲得的越多。那麼你應該也可以理解，所有心中常存感謝的靈魂，比起那些不懂得感謝的靈魂來說，他們都必將與造物主靠得更近。

我們越是打從心底感謝「至高者」給予的祝福，就會得到更多祝福，得到的速度也會更快。原因很簡單，因為心存感謝的態度，能拉近你與這些祝福的來源之間的距離。

「心存感謝，能使你更靠近這個宇宙的創造能量」，假設你是第一次聽到這樣的說法，請你好好地想一想，而且你會發現這是真的。其實，你目前所擁有的美好事物，都是依循著特定的法則來到你身邊的。而心存感謝，將會帶領你循著這個法則而行，更能以和諧的創造性思維來思考，並避免陷入競爭性思維之中。

心存感謝，能讓你具有「整體觀」，避免侷限於錯誤思想，認為供給是有限的。因為一旦這麼想，你心中的希望就會被抹滅。

感恩之力會產生反作用力，繼續朝你而來

世間有這條「感謝的法則」，而如果你想要得到你想要的一切，那麼你就必須得遵守這個法則。

「感謝的法則」是一項自然法則，就像牛頓的第三運動定律一樣真實：作用力和反作用力，其大小永遠相等、方向相反。

你在心中對「至高者」的感謝，是一股力量的釋放。而這股力量一定會回傳，就像牛頓第三運動定律一樣，這股力量會立即產生一個反作用力，回頭直奔你而來。

感謝的法則如同牛頓第三運動定律：

- 牛頓第三運動定律：作用力和反作用力，大小相等、方向相反。
- 感謝的法則：你對造物者的感謝（作用用力）和造物者回傳給你的祝福（反作用力），大小相等、方向相反。

就如同《聖經》所述：「你們親近神，神就必親近你們。」（《雅各書》

4：8）這是一個心理學的真理。

如果你的感謝越強且持續不斷，那麼來自「無形的實有」之回饋也就會越強且持續不斷。你想要的東西都會朝著你的方向而來。你想想耶穌是如何感謝的。他是不是常常在說：「父啊，我感謝你，因為你已經聽我。」（《約翰福音》11：41）所以，缺乏感謝的人必定使不上多少力。唯有心存感謝，才能夠與「力量」穩定地連結在一起。

常懷感謝之心，遠離不滿現況的思想泥沼，才能吸引更美好的事物來到身邊

不過，感謝的好處也不僅是為了要在未來得到更多的祝福而已，因為要是

缺乏感謝，那麼人就沒辦法從不滿現況的思想中跳脫出來。

一旦你將自己陷在不滿現況的思想泥沼中，就會越陷越深、每況愈下。你把注意力放在平庸、貧窮、低下、骯髒等一切不好的事物上，那麼這些事物就會出現在你的心中。接著，你就會將這些東西的樣子或心中意象傳給無形的實有，最後，平庸、貧窮、低下、骯髒等不好的事物就會來到你的身邊。

要是你的心裡充滿低下的事物，那麼你就必定會變得低下，並且身處在低下的環境之中。

相反的，要是你把注意力放在一切最好的事物上，那你就能被美好的事物包圍，並且你也變成最好的。

我們關注什麼，我們內在的「創造性力量」就會將我們塑造成那樣。其實我們就是「思想的實有」，而且「思想的實有」總是按照其思想將它具體創造成形。

感謝的心就會專注在美好的事物上。因此，心懷感謝之人也就能夠變得越來越好。因為這顆感謝的心會逐漸變成它的心中所想，並且也會吸引美好事物的到來。

同時，信念也是源於感謝。因為心存感謝，能夠讓人期待美好事物的發生，而這份穩定的期待就會變成堅定的信念。發出感謝能量的人所收到的回饋，就能夠使他心中產生信念。從此以後，每一波他發出的感謝能量，都能夠加強他的信念。凡不懂得感謝的人，就無法長期保持信念。缺乏常存的信念，這個人也就沒辦法透過創造的方式致富，這部分我們會在後續章節討論。

所以，你必須養成習慣培養感謝，對所有來到你身邊的美好事物，持續地表達感謝。

而因為你生命中出現的一切都促使你的生命更加美好，所以你應該將所有的一切都一併納入感謝。

請你不要浪費時間，再去抱怨那些能力足以影響社會的財團鉅富有什麼缺點或做了錯事。他們的組織其實造就了你的機會。正是因爲有他們的存在，你才能擁有你現在所得到的一切。

請你不要再對那些貪腐的政客有所不滿或憤怒。因爲要不是有他們的存在，我們的社會將會處於混亂的無政府狀態，而屆時你的機會也將大大銳減。

造物主花了很多時間及耐心努力，才讓我們有今日的工業發展與政府組織，而且造物主仍持續努力不懈，當世界不再需要這些財團鉅富或政客時，造物主一定會讓他們消失。你只要記得，他們都在協助安排財富來到你身邊的路線上，然後對他們心存感謝即可。如此一來，你的心中將常存和諧，並且能夠與一切美好的事物連結在一起，而這些美好的一切事物也都會朝你而來。

8

按照「必然致富的法則」思考

Thinking in the Certain Way

如果你傳達語意不清的憧憬或模糊的期待，那麼你將永遠無法富有，也不能讓創造性力量開始啟動。

光想著「我要發大財做好事」並不夠，你的願景要越清晰越好

請回到第六章，再讀一次那個少年的故事，他靠著在腦中描繪出一幅「心中意象」，進而得到他夢寐以求的房子，這樣一來，你就會清楚知道致富的第一步應該怎麼做了。你必須將你想要的東西描繪成一幅清晰而明確的「心中圖像」。畢竟如果你心中沒有想法，自然也就沒辦法傳達出任何想法。

而要能傳達你的想法，必須心中先有想法才行。往往許多人之所以失敗，就是因為他們心中對想要做的事情、想要擁有的東西、或想要成為的人，都只有模糊不清晰的概念，所以才沒辦法將他們的想法傳達給這個「思想性的實有」。

- 光是懷有「有錢做好事」的籠統想法是不夠的，因爲每個人都這樣期望啊！
- 光是懷著「想要到處旅遊、增廣見聞、體驗更多」的想法也是不夠的，因爲大家也都這麼想。

打個比方來說，如果要傳電報給朋友，你應該不會將字母按照順序傳送出去，然後要別人重新組合成有意義的句子，也不可能隨意翻字典挑幾個字就送出，卻要別人理解你在講什麼吧？所以你傳達的訊息必須是清楚有條理的句子，表達出明確的意義。

當你要將心中所想傳給「實有」時，也是如此，請記得用語意連貫的句子來表達。你必須清楚知道自己要的是什麼，並且描述得很具體。

如果你傳達語意不清的憧憬或模糊的期待，那麼你將永遠無法富有，也不能讓創造性力量開始啟動。

請效法那位描繪理想房子的少年，仔細想想你的渴望吧！想清楚你想要什麼，而當你得到它時，有怎麼一幅清楚的「心中圖像」。

在心中創造你的願景藍圖：

無論是意象（image）、圖像（picture）或願景（vision），強調的都是靠視覺化的想像過程打造出具體的願景藍圖或清單。視覺化，可以幫助你的心中願景更清晰。因此，在後人出版的「吸引力法則」相關書籍中，發展出「願景板」的概念，將你想要的東西（例如新房子）具體地畫出來，或張貼類似的照片，放在每天可見的地方來加強、提醒。

你的「心中圖像」必須清晰，且持續保持，就如同水手在駕駛船隻時心中都會有個駛向的港口。你必須時刻掛念，在心中不斷地朝著那個方向前進。你不能忘記這幅圖像，就如同開船的舵手，他手邊的指南針總是不離身那樣。

不過儘管如此，你也不需要整天聚精會神地想著這件事，或者刻意空出時間來進行特殊的祈禱或聲明，不需要刻意「靜坐」，不需要參加超自然的心靈課程。這些活動固然是好的，但其實你所需要做的，就是清楚地知道自己要的是什麼，並且讓你的想法深固、常駐在你的心中即可。

當然，空閒的時候，你大可以盡量多去想像你想要的事物，但對於自己想要的事物，應該沒有人需要特別費心去想的才對。因為只有那些你不在乎的東西，才會需要耗費心神去想。

除非你真正想致富，這個渴望強烈到足以讓你的思想指向你的目標，就像是一個指南針固執地拉向南北兩方的地球磁力那樣，這樣你才能夠享受到按照這本書的指示行動所能帶給你的價值。

因為本書所列載的方法，僅適用於渴望致富，但不畏艱難、不辭辛勞，並且能夠將這些方法貫徹始終的人。

唯有你的圖像越清晰且堅定，並且描繪的細節越是清楚，你的渴望才夠強大。唯有你的渴望越是強大，就越容易讓你的心智專注在你想要的圖像之上。

不過，任憑你心中的圖像再清晰，仍舊欠缺了一些要件。因為要是只有這樣的話，充其量只能當個夢想家，卻缺少了實踐的力量。

科學家和夢想家的差別，就在於是否具備實現的信念與意圖

在你清晰的「願景」背後，必須要有「意圖」去實現它。要有將它從無形

的想像帶到有形的世界之中的實踐決心才行。

而在這個意圖的背後，也必須抱持著堅定不移的「信念」，相信你想要的一切已經是你的，並且近在咫尺，你只需要「伸手」去取，便能夠得到。

請現在馬上就在心裡想像，你已經住在那一間理想的新房子裡，直至那間新房子真實地出現了。在你內心的國度裡，請現在馬上想像你正享受著你想要的一切，它所能帶給你的快樂。

正如耶穌所說：「凡你們禱告祈求的，無論是甚麼，只要信是得著的，就必得著。」（《馬可福音》11：24）

- 請把你想要的東西，當作已經在你的身邊了。
- 請把你想要的東西，當作你已經擁有了，並且正在使用它們。
- 想像當你眞的擁有它們後，會怎麼使用它們。

直至你的心中圖像清晰如真，然後對那幅圖像中的所有事物採取「我已擁有所有權的心態」。你在心中，已經全然相信自己完全擁有它們了。保持著這種所有權的心態，而且對「這是真的」不可有絲毫的動搖或懷疑。

並且請記住前述章節所提及的「感謝」一事。請你誠心感謝，直到你所期待的東西具體出現在你的生命中為止。儘管想要的東西仍只是心中的想像，卻能誠心感謝造物主的人，才是真的具備了信念。他也必定能致富，並且能創造出任何他想要的一切。

你並不需要不斷地祈求你想要的東西。沒有必要每天跟造物主說這些。就如同耶穌向他的門徒所說：「你們禱告，不可像外邦人，用許多重複話，他們以為話多了必蒙垂聽，因為你們所需用的，你們的父，早在你們開口前，就已經知道了。」（《馬太福音》6：7）

為了你更美好的生活，你所需要做的是將你的渴望，在心中把它整理得井然有序之後，再傳達給「無形的實有」，如此它才有能力將你想要的東西帶到你面前。

傳達心中的渴望，並不是藉由在心中不斷默想，而是抱持「願景」，透過想獲得它堅定不移的「意圖」，以及你會得到它的堅定「信念」。

因為你的祈禱要得到回應，並不是靠著嘴上功夫嚷嚷就能成，而是要靠身體力行展現的信念才行。

如果你想將你的渴望傳達給造物主，就不該只挑安息日來祈求你的渴望，一週其餘的時間卻又把它忘得一乾二淨。如果你想將你的渴望傳達給造物主，就算你選定特定的時間，刻意躲到衣櫥裡進行禱告，但是其餘時間卻又不把它放在心上，這樣也是徒勞無功的。

口語的禱告固然有益，也有效果，特別是對你自己來說，這樣做可以幫助你的願景更清晰，也能加強信念。但口語禱告對取得你想要的東西並沒有太大幫助。想要致富並不需要「特別的禱告時間」，而應該是「時刻不停」地禱告。而我說的這種禱告，指的是你要堅守你的願景，有讓願景成真的意圖，並且相信你正這麼做的信念。

「只要信是得著的，就必得著。」（《馬可福音》11：24）

一旦你的渴望，在你的心中形成了清楚的願景，你就會開始不斷地接收到它。當你有了清楚的願景，請你向「至高者」認真地陳述它。並且從那一刻起，你必須在心中接收你要求的東西。請你即刻在心中住進那棟新房子，穿上那件華服，開著你想要的名車，去你想去的地方旅行，並持續想像更多更美好的旅程。你的思想和言談，都必須要當成已經擁有你想要的一切那樣。想像著你要的環境和你要的財富，並且時時刻刻沉浸在這個想像的環境與財務狀況之中。但是請記住，請你不要光是做一個夢想家或空想者。要抱持著這些想像都將成真的「信念」，以及去實現它的「意圖」。請記住，科學家和夢想家的差別，就在於是否具備去實現事物的信念與意圖。而在你明白了這個道理之後，接著就是要學習如何適當地使用你的「意志」了。

9

如何運用意志？

How To Use the Will

運用你的意志力，將貧窮排除在你的注意力「之外」。

意志力只能用在自己身上，持續以「必然致富的法則」思想和行動

要以科學的方式致富，首先你得知道的是：你應該僅將自己的意志力施加在自己而已，而非外在的事物之上。

畢竟，你也沒有權利這麼做。

為了達到自己想要的目的，而將自己的意志力施加在其他人身上，逼迫他們去做事是不對的。

以你的精神力量去強迫別人，就跟用武力去強迫別人一樣，都是一種大錯特錯的惡行。用意志力去強迫別人做事，和以武力去逼迫別人為奴，是一樣的行為。這兩種手段原則上都是掠奪他人，差別只在於手段的不同：一個是精神層面，一個是武力層面而已。

你並沒有權利將自己的意志力強迫施加在他人之上，就算是「為了他好」也不行，這是因為你並不知道什麼才是真的對他有利。

致富的科學並不是要你以任何的力量或武力去強迫任何人。

💲你完全不需要強加意志力於他人身上。事實上，將自己的意志施加在他人身上，反而會適得其反，讓你無法達成自己的意圖。

💲你並不需要爲了獲得任何事物，強加你的意志力在這些事物身上。因爲這樣的舉動無異於強迫造物主，不但愚蠢、徒勞，甚至還大不敬。

💲你並不需要強迫造物主給予你美好的事物，就如同你不會需要運用你的意志力去強迫太陽升起一樣。

💲你並不需要運用自己的意志力去打敗任何對你不善的神靈，或是讓任何頑固且反叛的力量聽令於你。

「實有」是你的好朋友，並且它其實比你還更著急呢！它急著想把你想要的事物全都帶給你。

想要致富，你所需要做的就是將你的意志力運用在自己身上即可。

當你知道你應該怎麼思想以及怎麼行動的時候，接著你就必須運用你的意志，要求自己去想、去做這些對的事情。這才是你運用意志取得你想要事物的正當方式——就是運用你的意志，使自己循正確的道路而行。運用你的意志，讓自己持續地以「必然致富的法則」去思想和行動。

不要將你的意志、思想或心智投射到虛空，企圖對其他人事物「起作用」。

請將你的心智放在自己內在就好。因為在你的內在，比起其他任何地方更能發揮效用。

請你運用你的心智，描繪出一幅你想得到的「心中意象」，然後請用信念和意圖好好地守住這個願景；並且再運用你的意志，讓你的心智持續地以這個「正確的法則」運作。

用意志力遠離負面事物，不傳送任何負面訊息

你的信念和意圖越是穩定且持續，那麼你就會越快致富，因為你會持續地傳達「正向的」訊息給「實有」。而且你將不會出現負面的訊息，導致你的努力被抵銷而前功盡棄。

據我所知，你用信念和意圖所支撐的渴望圖像，將會被「無形」所接收，並且傳播千里——遍布於宇宙之中。

隨著這些訊息的傳播，天地萬物會幫你實現願景。各方力量，不論有生命或無生命，甚至尚未創造的事物都會一起啟動，朝你而來，帶來你所想要的事物。所有力量都會開始朝這個方向聚集。所有事物都會朝你而來。各地所有人的心智，都會在無意識中受到影響，進而協助你實現你的渴望。

不過，你倒也可以試試看反其道而行，看看向「無形的實有」傳送負面的訊息會帶來什麼影響。就像信念和意圖能夠使你想要的一切朝你而來，懷疑或猜忌也能使你想要的一切離你遠去。許多想要運用這項「心智科學」致富的人之所以會失敗，就是因為他們不明白這個道理。你時時刻刻花在懷疑和恐懼上，浪費在擔憂上，或是你的靈魂有所猜忌，都會使你遠離「思想的實有」所在的領域。唯有堅信不疑的人，才能夠得到他們想要的一切。你只要想想耶穌的堅信態度，就能知道箇中原因了。

而信念之所以這麼重要，是因為它能夠引導你捍衛你的思想。既然你的信念受到你的見聞和想法巨大的影響，想當然耳，你必須管好你注意的事物。

而說到這裡，意志就派上用場了。因為你的注意力是受你的意志所掌控的。

終結貧窮的唯一方法：啟發窮人，讓他們也有致富的意圖和信念

如果你想要變得富有，那你就不該去研究貧窮。逆向思考是得不到你想要的東西的。如果你想要獲得健康，你就不該整天研究或想著疾病。如果你想要得到正義，你就不該整天研究或想著罪惡。沒有人是靠著研究貧窮或想著貧窮，進而致富的。

醫學是一門研究疾病的科學，所以帶來了更多的疾病。宗教是一門研究罪惡的科學，所以帶來了更多的罪惡。經濟是一門研究貧窮的科學，所以也只會讓這個世界充滿著更多的貧窮與匱乏。

不要討論貧窮。

- 不要研究貧窮。
- 更不要擔心自己會不會貧窮。
- 你不用去管貧窮的緣由爲何。
- 貧窮的一切都與你無關。

你該關注的，是這一切的解決之道。

所以請不要花時間參加任何的慈善活動。這些立意為終結貧窮與不幸的慈善活動，反而只會使這些貧窮與不幸越發永存。

我並不是要你冷酷無情，對一切哀求之聲充耳不聞。但不管如何，你真的不能再試圖用傳統的方式來終結貧窮了。請你把貧窮拋諸腦後吧！把所有關於貧窮的一切，都拋到九霄雲外，讓你的心中專注在「變好」的這件事上。

請你一定要致富！因為這是你唯一能夠幫助窮人的方法。

如果你的心中充滿著貧窮的意象，那麼你就不可能抱持著你會富有的心中意象。請把那些報導貧民窟居民有多不幸，或童工有多悲慘之類的書籍或文章，全部丟掉吧！不要再去閱讀任何會讓你的心中注入任何貧困或苦難意象的東西了。

因為你光是知道這些不幸的狀況，實際上對窮人絲毫沒有幫助。就算你對貧窮知道得越多越廣，對消除貧窮也完全沒有任何的幫助。

真正有幫助的，並不是讓你的心中充滿著貧窮的圖像，而是讓那些窮人的心中充滿著富裕的圖像。

當你不願心中充滿悲慘狀況的不幸圖像時，你並不是棄窮人於不顧。

要終結貧窮，需要做的並不是讓更多的富人去想著貧窮，而是讓更多的窮人心中懷有致富的意圖和信念。

窮人並不需要慈善的施捨。他們需要的是心靈的啟發。這些慈善的施捨，不過只是讓他們能夠在這令人窒息的不幸中得到一條活命的麵包，或是一、兩個小時暫時忘卻痛苦的娛樂而已。但是隨後，他們又得回到這愁雲慘霧之中，繼續苟延殘喘。但是心靈的啟發，能夠真正使他們脫離不幸。如果你想要幫助窮人，你就必須以身作則，先讓自己致富，才能向他們示範，讓他們相信他們也能夠致富。

要使貧窮在這個世界上絕跡的唯一方法，就是越來越多人按照本書所教導的方法實踐致富之道。

人們都必須學習以創造的方式來致富，而非透過競爭。

凡是透過競爭而致富的人，他同時也拆毀了他過去賴以致富的階梯，阻止其他人隨他攀登而上。但凡是以創造的方式致富的人，他卻能夠為千千萬萬的人開創一條致富的康莊大道，讓所有跟隨他的人廣受啟發，跟著照做。

當你拒貧窮於心扉之外，不去觀看貧窮的消息，不去閱讀貧窮的報導，不去思考或談論貧窮之事，甚或連聽別人談論貧窮都充耳不聞，這並不意味著你是冷漠無情的。你必須運用你的意志力將貧窮排除在你的注意力「之外」，並且再用信念與意圖讓自己的注意力集中在你想要的願景「之上」才行。

「你會致富」、「所有人都會致富」的願景：

✕如果你總是閱讀貧窮、關注貧窮，你的心中將會充滿著貧窮的意象，那麼你就不可能抱持著你會富有的心中意象了。

✔真正對終結貧窮有所有幫助的，並不是讓你的心中充滿著貧窮的圖像，而是讓那些窮人的心中充滿著富裕的圖像。當你以身作則，以創造的方式致富了，就能啟發千千萬萬的窮人，為他們開創一條致富的康莊大道。

10

意志的進階使用

Further Use of the Will

請你專注在這個世界正在變得富有的願景上，而非朝著貧困倒退。

貧窮往事不要再提！相信一切都正朝美好而行

要是你時不時都讓注意力停駐在與富裕相反的事物上，不論是外在的有形事物或心中意象，那麼你就很難保持真實且清晰的財富願景。

如果你過去曾遭受財務困難，請不要再提這些往事了。請不要再去講你父母曾經多窮，或是你早期人生曾經多糟。因為講這些事情，在當下只會在心理層面上將你自己與貧窮畫上等號，並且會讓你離貧窮越來越近，那些正在朝你發生的好事也停下來了。

就像耶穌所說：「讓死人埋葬他們的死人。」（《路加福音》9：60）

請把一切有關貧窮的事物，都忘得一乾二淨吧！

你已經接受這種宇宙的理論是正確的，而且已將你所有幸福的願望都寄託在這個正確的理論之上，那麼你又何必要再耗費精神去在意與這個理論衝突的其他論述呢？

不要再去閱讀那些告訴你世界末日就快要來了的宗教書籍。不要再去閱讀那些專門揭發黑幕的記者或悲觀的哲學家告訴你世界將落入惡魔之手的著作。

我們的世界並不會落入惡魔之手。我們的世界只會朝造物主而去。一切，將會是一個美好的「進程」。

的確，我們的生活中存在著一些不盡人意的狀況，但這些狀況正在逐漸遠離，你一直去研究它們反而無用。而且你一直不願放下，只是減緩這些狀況遠離的速度，讓它們糾纏著自己不放而已，研究這些又有什麼用呢？當你專注在自己的發展上，才能加速它們的離開，為什麼要花時間和注意力去關注那些正在被進化消失的東西呢？

不論有些國家或地區目前的狀況有多糟，老想著這些不好的事情，只會浪費你的時間與摧毀你可能擁有的機會而已。

你該關注的是相信這個世界正在變得富有。

請你專注在這個世界正在變得富有的願景上，而非朝著貧困倒退。也請你記住，要幫助這個世界變得富有，你唯一能做的就是讓你自己致富，而且必須是透過創造的方法致富，而非競爭的手段。

請全神貫注在富裕上。請將貧窮拒於心扉之外。

每當你想到或談論誰很窮時，請以他們正在走向富裕的角度來討論。請視他們為值得恭喜而非憐憫的人。這樣一來，他們才能受到啟發，並逐漸尋求脫貧之道。

雖然我叫你要全心全意地想著富裕，但也不代表這樣的行為就是利慾薰心或你是小氣的人。

追求致富，應該是你人生中最崇高的目標才對，因為這個致富目標影響你生命中的一切。

世上沒有貧窮，只有富裕

在競爭的世界上，一切的爭奪都是對造物主不敬的。然而當我們轉向創造性的心智，一切將是截然不同的光景。

在致富的進程中，可以使用的物品越來越多，一切崇高的事物和行為才會有機會出現。

如果你缺乏身體健康，你會發現你的健康與否，在於你是否致富。因為只有那些財務自由、生活無憂無慮、並且遵守良好衛生習慣的人，才能夠擁有健康並加以維持。

唯有跳脫競爭層次的人，才能夠達到道德與心靈的極致。唯有那些透過創造性思維而致富的人，才能不受競爭層次的貶低與影響。如果你想要創造出一個快樂的家庭，那麼請記住，你對家庭的愛，只在更高雅、更崇高、並且不受腐敗影響的層次中，才得以充分彰顯出來。這個層次只有透過創造性思維而致富才能夠到達，並不需要衝突和競爭。

容我再重申一次，沒有什麼是比致富更美好或崇高的。你必須時時刻刻專注在富裕的心中圖像之中，並且時時刻刻驅逐一切可能讓願景模糊或黯淡的事物。

你必須學習看見隱藏在一切背後的「真相」。你必須看見，在這一切看似愁雲慘霧的情況中，「偉大的唯一生命」總是朝著更完整的展現及更圓滿的幸福而發展。

真相是，這世上沒有貧窮之類的事情。世上只有富裕。

有些人之所以貧窮，是因爲他們渾然不知自己也擁有致富的機會。而沒有什麼比你以身作則更能向他們證明的了。

另外有些人之所以貧窮，是因爲雖然他們心裡知道致富是可能的，卻好逸惡勞，不願付出必要的心力，不願採取行動。而針對這些人，你能做的就是向他們展示正確致富之後能夠帶來多少喜悅，以此激發他們的渴望。

還有一些人之所以貧窮，是因爲儘管他們掌握了一些致富的科學，卻因爲世上充滿了各種形而上學及難以理解的理論，致使他們茫然不知該遵循哪條法則，導致他們三心二意、走馬看花。他們試圖融合這些理論，卻全數失敗。針對這些人，你能做的仍然是以身作則，向他們證明致富的可能。畢竟，事實勝於雄辯，再多的口舌也比不上眼前的實證來得更有說服力。

你能夠為全世界做的最大貢獻，就是使自己發展到極致！

你能夠為造物主與全人類服務，最有效的方式就是致富。並且是透過創造性的方法，而非以競爭手段致富。

不用再鑽研讀其他理論了，這本書就有最簡單、直接的致富法則

還有另一件事情也很重要。我們堅信這本書詳盡解釋了致富這門科學的法則。如果你認為這話屬實，那麼你就不需要再閱讀其他討論致富之道相同主題的書籍了。或許這樣講會有些狹隘和自大，但是請你想想：在數學中，除了加、減、乘、除之外，沒有其他可能的運算方式了。任意兩個點之間，必定就只會有一條最短的直線。用科學的方式思想，就是用最簡單、最直接的方式，去達到你要的目的。尚且迄今沒有其他人能夠想出比這本書所教導的還要更簡短或簡易的「系統」。這本書的方法早已去蕪存菁。一旦你開始使用這套方法之後，就請你排空一切它念。先把那些方法全部從你的心智移除吧！

天天閱讀這本書。最好是隨身攜帶。讓它的內容深深刻在你的記憶中，並

且不要再去想其他的「系統」和理論。一旦心有它念，你就會心生懷疑，而一旦心生懷疑，你的信念就會開始動搖。這終將使你迎來失敗。

不過在你成功、致富之後，你大可隨自己高興去研讀其他致富的系統。但是請記住，在你確定你真正得到你想要的一切之前，請忽略上面這句話，除非你要閱讀的是我在〈作者序〉中提及的那些作家。

也請你只閱讀跟這個世上有關的正面新聞。請你只閱讀與你心中圖像協調一致的事物。

並且，也請暫緩你對玄學的研究。不要接觸神智學、通靈術，或任何相關的研究。儘管死去的人確實仍可能依然存在，而且就在你附近。但是就算他們在那裡，也不用理會他們。你只要管好自己的事就好。

不論這些死者的靈魂在哪，他們都有他們自己的事情要忙，他們都有他們自己的煩惱要解決。我們沒有權利去干涉他們。我們也幫不了他們，甚至他們到底能不能幫我們，這點還是令人存疑的，就算他們可能可以幫助我們，但我們沒有什麼權利去占用他們的時間。請你讓逝去的亡者好好安息。你只要專心解決自己的問題，也就是致富。要是你心中出現了玄學的思想，你將會使自己原本平靜堅定的心掀起可怕的滔天巨浪，並且將你寄託渴望的那艘方舟被毀壞吞沒了！

重點摘要

現在請再回顧一次，直至目前為止，本章與之前章節所提出的重點摘要：

1. 這世上有一種具有思想的本源存在，它的原形遍布於世，並且是萬物之源，能滲透、穿入及充滿在這個宇宙之中。

2. 在這個「實有」裡，一個思想會產生對應的事物，並按那思想創造出來。

3. 人類可以在他的思想裡構思各種事物，藉由將他的思想傳給「無形的實有」，如此一來，他所想的事物就會被創造出來。

4.為了要達成這點，人類必須從競爭性思維轉成創造性思維。他必須有一幅清楚的心中圖像，知道自己要的是什麼東西、想做什麼事情，用信念和意圖將這幅心中圖像牢牢記住，最後再用堅定不移的信念，相信自己一定會得到，並將所有可能動搖其意圖、模糊其願景、熄滅其信念的事物都拒於心扉之外。

那麼接下來，我們再來討論一個人應該要如何按照「必然致富的法則」來生活及行動。

11

按照「必然致富的法則」採取行動

Acting in the Certain Way

透過思想，你想要的東西會被帶到你身邊。
而透過行動，你才能收下它。

將思想與行動互相連結，啟動所有創造力為你工作

思想是創造性的力量，又或者可以說，思想是讓創造性力量運作的推動力。以「必然致富的法則」來思想，將會帶你步入致富之道，但你不能光是依靠思想而不付諸行動。這也是許多其他科學的形而上學思想家最終失敗的原因——因為他們沒有將思想與行動互相連結起來。

我們目前還沒有達到不透過自然過程或不需要人類雙手工作，就能夠直接從「無形的實有」創造出東西的境界，甚至還無法假設可能會有這種時期到來；所以我們不能只是憑藉思想來創造，還必須以個人的行動來支援他的思想。

藉由思想，你能讓埋藏在深山裡的黃金朝你而來；但是黃金並不會自己挖

掘出來，也不會自己提煉加工，更不用說自己鑄成金幣，再一路滾進你的口袋裡。

在這個「至高的靈性」的推動力下，它會安排一些人去為你開採黃金，也會引導其他人透過商業交易將黃金帶到你身邊。而你需要做的，就是將自己的事業打理好，這樣當黃金來臨時，你才能夠接收得到。你的思想能夠動員一切有生命或無生命的萬物為你所用，為你帶來一切你所想要的東西。但是，你的個人行動也必須到位，這樣一來，當它來臨時，你才能好好地接收到。你不是要透過慈善機構的施捨，或是偷搶拐騙來得到它。你必須透過與人交易而得，並且你提供的實用價值還要高於對方付給你的金錢價格。

思想的科學運用方式，包括了三點：首先，你要將你想要的一切，形成一個清晰而明確的心中意象。其次，你要堅持住想要得到的意圖。第三，以感恩的信念，相信你想要的一切會成真。

思想的科學運用方式：

1. 你要將你想要的一切，形成一個清晰而明確的「心中意象」。
2. 你要堅持住想要得到的「意圖」。
3. 以「感恩的信念」，相信你想要的一切會成真。

千萬不要用一些怪力亂神的方法「投射」你的思想，指望藉此達到你的目的；因為這樣不僅徒勞無功，甚至還會削弱你神智清明的力量。

在前面各章已經充分說明致富的思想是如何行動的：你的信念與意圖將

積極地影響「無形的實有」，而它「同樣希望你的生活是比現在生活更豐盛的」。當它接受到你這樣的願景時，就會啟動所有創造力開始「為你工作，並透過這些力量的各種既定管道」，將豐盛帶到你身邊。

這個創造過程的引導和監督，並不是你的責任。你在其中所需要做的，就是在心中牢牢地守住你的願景，堅持你的意圖，維持你的信念，以及感謝。但是除此之外，你也必須「按照必然致富的法則」來採取行動。如此一來，當你想要的東西來臨時，你才知道要收下。你才能與你心中圖像裡那些想要的事物相遇，並且當它們到達時，將它們妥善接收好。

想必你已經知道這件事的真相了。當你想要的事物來臨時，它們必定是經由他人之手送到，對方會要求等價交換。

而你唯一的方式就是給予對方他想要的事物，來得到你要的。

不要想著不勞而獲。你的皮夾不會變成德國傳奇故事裡福爾圖納圖斯的錢包，他不用工作，錢包裡就會生出取之不竭的鈔票。

這也是致富科學的關鍵所在：思想和個人行動必須結合一致。有許多人，無論是有意或無意間，透過他們心中渴望的力量和堅持，啟動了這個創造力，但是他們最終卻仍舊貧窮，這是因為當他們想要的東西到來時，卻無法妥善接收好。

透過思想，你想要的東西會被帶到你身邊。而透過行動，你才能收下它。

準備好接受你想要的豐盛嗎？此時此地，就開始行動吧！

不論你的行動為何，顯而易見的是你必須「現在」就採取行動。你無法回到過去採取行動，而且為了要讓你的心中願景更清晰，就必須讓過去完全拋諸腦後。你也無法在未來開始行動，因為未來在此時此刻還沒來到。而且你在未來的變數來到之前，都無法確定在任何未來的突發情況中，你將如何行動。

不要因為你現在從事的行業或工作環境不對，就覺得自己應該等到找到理想的工作或適合的環境才開始行動。不要浪費時間去擔心未來如果發生緊急狀況時要如何應對才好。你要做的是相信自己有能力，去應付到來的一切突發狀況。

如果在你行動的當下，你的心思卻老想著未來，那麼你當下的行動就會心不在焉，自然也就不會有效。

請將你所有的心思都放在你當下的行動上。

不要把你創造性思維在傳達給「本源的實有」之後，就在那坐等收成。如果你這樣做，你是絕對等不到它們的。請現在就開始行動！除了「現在」之外，不會有任何時間可以採取行動了；而除了「現在」之外，將來也不會有任何時間留給你開始行動。要是你真的準備好要接收你想要的豐盛，那麼你現在就必須開始行動！

而你的行動，不管是什麼，最好都跟你當下的工作或事業有關，並且最好都跟你當下環境中的人事物有關。

- 你不能在你不在的地方行動。你不能在以前所在的地方行動，你無法在你將要去的地方行動。你只能在你當下的地方展開行動。
- 不要煩惱昨天的表現好不好。請專注在你今日的表現。
- 不要想把明天的事挪到今天做。因爲等到需要做的時候，自然將會有充裕的時間讓你做。
- 不要試圖用一些怪力亂神的手段，來影響一些你根本影響不到的人事物。
- 不要想等環境改變後再開始行動。而是付諸行動去改變環境。

你只能對現在的環境採取行動，如此你才能將自己轉到更好的環境當中。

請抱持信念與意圖，相信自己能進入更好環境的願景，但要在當下的環境裡全心投入、全力以赴、全神貫注。

不要再浪費時間做白日夢或耽溺於幻想。請堅守你想要的這個願景，並且「現在」就開始行動吧！

踏出致富的第一步，並不用嘗試其他靈丹妙藥或獨門訣竅，更不要想著一步登天。或許你現在所做的事，跟過去並沒有多大差異。但是只要你從現在開始，按照「必然致富的法則」採取行動，這法則將來必定能讓你致富。

想得到一份理想的工作？願景＋意圖＋信念＋行動，就對了！

要是你覺得自己現在從事的行業不適合你，千萬不要等你找到適合的工作才開始行動。

不要因為自己被放在錯的職位上，就覺得洩氣、自怨自艾。沒有人會因為一時被放錯了位置，就永遠找不到適合自己的地方。沒有人會因為入錯行，就永遠進不了適合的行業。

請在心中抱持著你自己從事理想工作的願景，有得到這份工作的意圖，相信你自己將會得到它，而且正朝著目標前進。但你還是要在目前的工作有所「行動」。將你目前的工作當作進入理想工作的跳板。將你當下的環境當作進入理想環境的方法。只要你有信念與意圖，你從事理想工作的願景將會使「至高者」將理想的工作帶到你面前，而只要你按照「必然致富的法則」行事，就將能朝著理想的工作邁進。

如果你是名雇員或受薪階級，覺得自己應該換工作以得到你想要的東西，不要只是將你的思想「投射」到虛空，然後就期望它能夠為你帶來新工作。這麼做可能會失敗。

當你以信念和意圖在現在的崗位上採取「行動」，並抱持著你會得到理想工作的願景，而你一定能得到你想要的工作！

你心中的願景和信念將會啟動這股創造力量開始運作，將你想要的工作帶來。而你的行動則會驅使這創造力量將你從目前的環境帶往你理想的環境。

入錯行、升遷沒我的份，怎麼辦？

- ✓在心中抱持著你自己從事理想工作及工作環境的「願景」，越清晰越好。
- ✓相信自己將會得到理想工作及工作環境的「信念」。
- ✓你心中的願景和信念將會啟動至上的創造力量。
- ✓至高的宇宙創造能量會將你理想的工作及工作環境帶來給你。
- ✓以信念和意圖在現在的崗位上採取「行動」。

重點摘要

在我們結束本章之前，我們為重點摘要再添加另一條要點：

1.這世上有一種具有思想的本源存在，它的原形遍布於世，並且是萬物之源，能滲透、穿入及充滿在這個宇宙之中。

2.在這個「實有」裡，一個思想會產生對應的事物，並按那思想創造出來。

3.人類可以在他的思想裡構思各種事物，藉由將他的思想傳給「無形的實有」，如此一來，他所想的事物就會被創造出來。

4. 為了要達成這點，人類必須從競爭性思維轉成創造性思維。他必須有一幅清楚的心中圖像，知道自己要的是什麼東西、想做什麼事情，用信念和意圖將這幅心中圖像牢牢記住，最後再用堅定不移的信念，相信自己一定會得到，並將所有可能動搖其意圖、模糊其願景、熄滅其信念的事物都拒於心扉之外。

5. 為了當想要的東西來臨時，能接受得到，必須「現在」就對當下所處環境的人事物付諸行動。

12

有效率的行動

Efficient Action

做事的重點並不在數量，而在於做每件事的「效率」。

追求卓越，甚至超越！是你能否致富的關鍵之道

你必須按照前述章節所指導的觀念去運用你的思想，並且此時此刻就立即開始行動。你必須做好你所處環境下所能做好的「一切」。

你只能做好自己的工作，並且將自己的能力超越目前的位置，才能得到進步。沒有人是不把自己目前崗位做好，就能去到更好的位置。

這個世界唯有透過那些盡忠職守，甚至有超越的人，才得以進步。

要是大家都不盡責，那麼這個世界肯定會沉淪退步。那些不盡責的人，對社會、政府、商業及企業來說，都是沉重的負擔。其他人需要付出相當龐大的花費來照顧他們。

這個世界的進展，就是被那些不盡責的人所拖累的。這些人可能是上個時

代的人，也可能是屬於低階層的人，而他們本性就是會傾向退化。如果社會中的每一個分子都怠忽職守，那麼這個社會肯定無法進步。社會的進步受到生理發展及精神進化的法則所推動。而在動物的世界中，進化是由超越生命的極限所推動。

當一個有機體的機能已經無法滿足它所擁有的潛力想要的發展時，它就會進化出更高層次的器官，而一個新的物種就這麼誕生了。

唯有追求卓越，甚至超越，才能夠催生出新的物種。這項法則也適用在你身上。你能否致富，關鍵在於你是否依循這項法則行事。

你的每一天都將以成功或失敗來作結。而只有那些成功的日子，會帶給你所想要的一切。如果你的每一天都是失敗的，那麼你永遠都不會致富。相反的，如果你的每一天都是成功的，那麼你想不發財都難。

如果有件事是今天必須完成的，你卻沒做完，那麼就這件事情來說，你就是失敗了。而這件事的後果，將會遠比你想像的更為嚴重。

你無法預見生活中的瑣事將會帶給你什麼影響。你也無從知道，由你的行為所驅動的各方力量將會帶給你什麼結果，或許只是因為你所做的一些不起眼的舉動。但這些看似微不足道的舉動，卻可能為你打開無限機會的大門。你不會知道「至高的智慧」究竟為你在萬物和人事之中安排了什麼。你任何的失敗或忽略，儘管微不足道，都可能延後你得到所想要的一切。

所以請遵守「今日事，今日畢」的原則。

不過，話雖如此，也請你不要操之過度，不要盲目地在自己的事業上橫衝直撞或倉促而為。

你不要過勞，明天的事請明天再做，更別說想要用一天做一週的工作量。

無效率的事做得太多，整個人生就將注定失敗

因為做事的重點並不在數量，而在於做每件事的「效率」。

你所採取的每一個行動，它本身不是成功，就是失敗。

你所採取的每一個行動，它本身不是有效，就是無效。

每件無效率的行動，都是一個失敗。如果你成天做著無效率的行動，那麼你的整個人生都將注定失敗。

「多多益善」這個成語在這裡不適用，因為無效率的事做越多，你的人生反而會越糟。

然而在另一方面，每一個有效率的行動，它本身都是一個成功。如果你的人生都是由一個個有效率的行動串聯起來，那麼你的人生必定會成功。

人生的失敗，在於無效率的事做得太多，而有效率的事做得太少。

這件事是不證自明的，只要你少做沒效率的事，多做有效率的事，那麼你就一定會致富。假設你現在有辦法每件事都做得有效率，那麼你會再次發現：致富真的就像數學一樣，是一門精準的科學了。

那麼，現在的問題就在於，你是否能夠把每件事都做得有效率，每件事都成功。你當然可以做到。

你可以讓每件事都成功，因為「所有力量」都配合你來行動，而「所有力量」是不會失敗的。

「所有力量」隨時聽候你的差遣。想要有效率地做事，你所需要做的就是把這股力量投入其中。

每個行動有強有弱。如果你能讓每個行動都強而有力，那麼你就是在按照「必然致富的法則」前進了。

只要你在做事時，心中懷有你的願景，並且注入「信念」與「意圖」的整體力量，那麼每件事都可以是強而有力、高效率的。

這就是大部分人會失敗的原因，因為他們將他們的心智力量與個人行動分開了。他們只會在某些地方、某些時間使用心智的力量，而在其他地方、其他時間採取行動。因此，他們的行動總是失敗。這麼做，有太多都是沒效率的行動。但是只要「所有力量」注入每一件你所做的事之中，哪怕事情再微不足道，都能視為一個成功。而且因為依照自然法則，每件成功的事都會開啟通往另一件成功之事的道路，所以你會朝著想要的一切前進，而這個朝著想要的一切而行的進程又將加快進展的速度。

請記住，成功的行動是會累積的。既然渴望更豐富的生命是萬物的天性，當一個人開始追求更完整的生命時，也會吸引更多的事物朝他而來，而他的渴望所產生的影響也會逐漸倍增。

請你牢牢記住，今日事，今日畢，並且有效率地完成每一件事。

利用閒暇時間，發揮想像力，完成你願景的所有細節

我說過，你在做每件事時，心中都要抱持你的願景，不論它有多麼微不足道或平凡。我的意思並不是要你時時刻刻都努力去想著願景的細節。這些願景的細節，可以利用你的閒暇時刻，任想像力奔馳，想得清清楚楚，直到它深深地刻在你的記憶之中。

如果你想要快點看到結果，那麼只要一有空閒，就全心投入這項練習吧！透過不斷的冥想，你就能夠將你想要得到的圖像牢牢地刻在你的心中，甚至連最細小的細節都清清楚楚，並且透過完整地傳達給「無形的實有」。這樣一來，你在工作時，只需要在心中簡單回想你的願景，藉以驅動你的信念和意

圖，就能激發你最大的動力去努力做事。所以請在休閒時間好好地完成你的願景圖像，直到你的意識充滿了這幅圖像，並且能在心中隨傳隨到為止。你就能夠被心中這個璀璨願景的光明未來所激勵，並且只靠想著它，就會喚醒你體內最強大的力量。

在閒暇與工作時，如何使用心中的願景圖像？

- 閒暇時刻：任想像力奔馳，將願景的細節想得清清楚楚，直到它深深地刻在你的記憶之中。
- 工作時間：只需要在心中簡單回想你的願景，藉以驅動你的信念和意圖，就能激發你最大的動力去努力。

重點摘要

我們再複習一次我們的重點摘要，這次我會稍作修改，讓它們符合我們目前所得到的結論：

1.這世上有一種具有思想的本源存在，它的原形遍布於世，並且是萬物之源，能滲透、穿入及充滿在這個宇宙之中。

2.在這個「實有」裡，一個思想會產生對應的事物，並按那思想創造出來。

3.人類可以在他的思想裡構思各種事物，藉由將他的思想傳給「無形的實

有」，如此一來，他所想的事物就會被創造出來。

4. 為了要達成這點，人類必須從競爭性思維轉成創造性思維。他必須有一幅清楚的心中圖像，知道自己要的是什麼東西、想做什麼事情，用信念和意圖將這幅心中圖像牢牢記住，最後再用堅定不移的信念，相信自己一定會得到。而這一切，都能夠在每一天，透過把每一件事情做得有效率來達成。

13

進入適合的職業

Getting into the Right Business

挑選最適合自己、最讓自己快樂的行業或職業，這是你的權利和特權。

做你想要做的事情，選讓你快樂的職業

不論在哪一行，成功的關鍵決定於你是否在該行業具備了所需要的才能。缺乏音樂才能的人，肯定當不了優秀的音樂老師。缺乏機械知識的人，肯定無法在機械生意上獲得傑出的成就。不善外交手段及商業頭腦的人，肯定無法在商業的領域裡闖出名堂。然而僅具備需要的才能，想要致富仍舊欠缺了一些火候。這世上不乏許多才華洋溢的音樂家，卻仍深陷貧窮之中。不乏許多技藝精湛的鐵匠、木匠，卻仍為生活所苦。明明有許多善於與人打交道的商人，卻依舊無法在商業圈生存。

各種不同的技能都只是工具而已。擁有好的工具固然重要，但是以「必然致富的法則」來使用工具也同樣重要。有的人只需要一把鋒利的鋸子、一支曲

尺和一把好刨子這些簡單工具，就能做出一件華麗的家具。讓另一個人使用同樣的工具，照著方式製作，卻是畫虎不成反類犬。這是因為他不懂得如何正確地使用精良的工具。

你的心智具備的各項才能，就是你用以致富的工具。如果身處在能夠運用你這些心智工具的行業，肯定會更容易成功。

一般來說，能夠讓你的才能得到充分發揮的工作，你將會做得最好。有的工作可以說是為你「量身訂做」的。但千萬別因此就限縮了自己的眼界。因為你與生俱來的才能應該是為你所用的工具，而不是限制你的發展可能性的枷鎖。

不管從事「任何」行業都可以致富，因為就算你沒有適當的天賦，還是可以加以培養。它僅僅意味著你將不得不在你前進的過程中邊做邊學，而不是把自己就限縮在使用你與生俱來的才能上。雖然學以致用，確實「比較容易」成功。但只要你有心，你在哪個行業都「能夠」成功，因為其實你本來就具備了所有才能的基礎，你只需要進一步地去發展即可。

如果你在學以致用的那一行勤奮工作，比較容易致富。但如果你做著你「想要」做的事，這樣一來，在致富那一刻到來時，將會帶給你最大的滿足感。

能夠做著你喜歡的事，才能算是不枉此生。如果一輩子只能被逼著做自己不喜歡的事，這樣的人生不僅生無可戀，又有什麼快樂、滿足可言呢？而且你絕對有能力做你想做的事情。因為你想做那件事的渴望，就已經說明你有能力可以做到了。

渴望，就是能力的一種表現。

你想玩音樂的渴望，就是你體內所具備的音樂天分在尋求展現和發展。你想要發明機械裝置的渴望，就是你體內所具備的機械天分在尋求展現和發展。

要是你不具備某項能力，不管該項能力是否已經開發，你絕對不想去做那件事。但要是你想做某件事的渴望越是強烈，那麼也就代表做這件事的能力越發強大，而你所需要做的就是去進一步去發展，並且以「正確的方式」去使用它。

選擇行業時，最好是選一個你做起來最得心應手的工作。但要是你心裡有著強烈的渴望想要從事某個行業，那麼你就應該選擇那個行業，並且將它作為你最終的職涯方向。

你想做什麼，就去做什麼。挑選最適合自己、最讓自己快樂的行業或職業，這是你的權利和特權。

你沒有必要做你不喜歡的事，除非你把它視為一個跳板，能幫你轉換到你想要做的事情上。

不小心入錯行，想轉換跑道，怎麼辦？

如果因為過去的錯誤導致你目前處在你不喜歡的工作或環境中，那麼或許你需要待上一段時間做你不喜歡的事。但你可以換個角度想，把它當成是一個幫助你跳槽的管道，這樣一來，這份工作也就能帶給你喜悅了。

如果你覺得目前入錯行，請你不要魯莽地跳槽。一般來說，轉換工作或環境最好的方式，是透過自我成長。

當機會來臨時，請不要害怕做出改變，不論這項改變有多麼突然或巨大，只要你經過考量後，認為這是正確的選擇就可以。然而，只要你心中存有任何一絲疑慮，那麼不論機會如何，也請不要貿然行動。

在創造性的世界中，一切都不需操之過急。這裡有源源不絕的機會。

當你脫離了競爭性思維，你就會明白你無須著急。不會有人搶先你一步，就把你想要做的事搶走。機會是源源不絕的。就算這個位置被別人捷足先登，過不久就會有另一個更好的機會為你敞開大門。你永遠都會有充足的時間可以準備。當你猶豫不決時，那就耐心地等候。回頭仔細想想你的願景，以此增強你的信念與意圖。在徬徨困惑的時候，要盡自己所能地培養感謝的心態。

請花上一兩天的時間，仔細想想你想要事物的願景，並且為你正在得到它的事實表達誠摯的感謝，這能將你與「至高者」緊密相連，如此一來，在你行動時，就能夠確保你不會犯錯。

有一個心智是全知全能的。如果你心懷最深的感謝，就能夠透過想提升生命的信念與意圖與它更為親近。

人會犯錯的原因，可能是倉促行事，欲速則不達，或是心懷疑慮、恐懼，或是忘記「正確的動機」，而正確的動機就是追求所有生命得以更豐盛，而非減少。

只要你按照「必然致富的法則」持續行動，那麼來到你面前的機會就會越來越多。而你必須要在過程中抱持著堅定的信念與意圖，並且透過誠摯的感謝，將自己與「所有心智」保持緊密的聯繫。

每一天，你都要以最完美的方式做到你能做的事情，但是切莫倉促、擔心、或心懷恐懼。盡可能地加快你的腳步，但是千萬不要操之過急。

請記住，一旦你開始著急了，你就不再是一個創造者，而是變成一個競爭者了。一切再度退回舊思維。

只要你發現你變得有些著急時，請馬上停下來。把你的注意力放回你想要事物的心中意象，並且開始對你正在獲得的東西心存感謝。這個「感謝」的練習，永遠都能夠增強你的信念，並恢復你的意圖。

競爭性思維與創造性思維，在轉換跑道時有不同的心態：

✕競爭性思維：機會有限。有人會搶走你想要的工作，所以總是擔心焦慮，倉促行事。

✓創造性思維：機會源源不絕。就算有人捷足先登，將會有更好的機會為你敞開大門，你會有足夠的時間來準備，可以耐心等待。

14

提升的印象

The Impression of Increase

所有生命體都有追求不斷進化的需要。一旦生命不再提升，那麼隨之取代的就是消失與死亡。

追求提升，是驅動宇宙的原動力

無論你是否成功轉行，你目前的行動必須與當下從事的行業相關。因為只要積極地利用你目前已建立的事業，並且每天依照「必然致富的法則」，你就能夠進入你理想的行業。

而只要你目前的事業是需要與人打交道的，無論是面對面或透過郵件，你一定要將你積極進取的印象傳達到他們的心中。

無論男女老少都追求提升，這是因為他們內在「無形的智慧」急於尋求完整展現自身的動力。

追求進步的渴望，存在於一切萬物之中。它也是驅動宇宙的原動力。所有人類的行為都是立基於提升的渴望。人們尋求更多食物、更多衣服、更好的住所、更多奢侈品、想要更美麗、獲得更多知識、更多樂趣——都是為了得到某些事情得以讓生命更完整。

所有生命體都有追求不斷進化的需要。一旦生命不再提升，那麼隨之取代的就是消失與死亡。

人類本能地知道這項「不進則退」的法則，所以人類會不斷地追求提升。這項永遠提升的法則，也在耶穌的比喻中有所闡述：「凡有的，還要加給他，叫他有餘；凡沒有的，連他所有的也要奪去。」（《馬太福音》13：12）

所以我們對增加財富的正常渴望，並不是一項罪過或是要受指責的事情。因為這不過是渴望生命更豐富而已。它是鼓舞人心的。

當你成為創造的中心，所有人都會被你吸引而來

並且，追求成長是人性中最深層的本能，所以人人都會被那些能帶給他們更美好生活的人所吸引。

如果你遵循著前述章節所教導的「必然致富的法則」，你會不斷提升自己，並且連帶影響所有你身邊的人。

你就是創造的中心，散發讓所有人得以提升的思想。

請你堅信這點，並且對所有你接觸的男男女女、大人小孩傳達這個訊息。不論你們之間的交易有多麼微不足道，哪怕只是賣一支棒棒糖給一個孩子，也請把這個提升的訊息傳達給他。

不論你做任何一件事情，都要傳達這個訊息給所有人，如此一來，大家都會知道你是一個「不斷進步的人」，並且你的進步也會讓所有與你接觸的人加以提升，就算只是在社交場合相遇，沒有任何商業關係的朋友，也請把這個提升的想法傳達給他。

唯有你心存堅定不移的信念，堅信自己本身是在「不斷進步的道路」上，你才能夠好好傳達這個訊息，並且能讓這個信念遍布於你的一舉一動之中。

你的所作所為，都必須要帶著全然的自信，相信自己正持續提升，並且你也正造福著所有人。

感覺你越來越富有，並且與此同時，你也會讓所有人越來越富有，讓所有人獲益。

但請不要炫耀、吹噓自己的成功，或在不必要的時候到處張揚。真正的信念是不需要吹噓的。

一個自吹自擂的人，其實心中暗地裡都是充滿懷疑且不安的。你只要在心中抱持著信念即可，並且在每次交易中展現出這樣的信念。讓你的一舉一動、語氣和表情都靜靜地傳達你越來越富有的自信。要將這種感覺傳給別人並不需要透過言語。當你一出現，他們都會感受到你的提升力量，並且再度被你吸引。

你必須讓其他人產生跟你來往能夠自我提升的印象。你必須讓他們看見，你提供給他們的使用價值遠大於他們付給你的金錢價格。

請真誠地為自己的所作所為感到驕傲，並且也讓所有人都知道這點。如此一來，你的顧客將源源不絕。因為人們都會朝著讓自己提升的地方聚集。渴望提升一切、無所不知的「實有」，會驅動所有不認識你的人，讓他們聚集到你身邊來。你的事業將會蓬勃發展，並且會對這一切預料之外的收穫感到驚喜。如果你想要的話，你的事業將日復一日越做越大，並且將得到更多更大的收穫，直至一步步邁向你心目中理想的事業。

但要達到上述，你必須牢牢地記住你心中渴望的願景，還有堅守你想要得到一切的信念與意圖。

追求權力，是出於競爭性的心智

容我在此給你一個建議，因為這跟你做這一切事情的背後動機有關：

請小心，不要讓自己陷入追求凌駕他人的潛藏企圖之中。

對於一個心智不成熟的人來說，沒有什麼比凌駕他人更過癮的了。這種為了自我滿足而統治他人的渴望，是荼毒這個世界的詛咒。長久以來，不曉得已經有多少位君主或國王，為了擴張自己的統治，進而發動戰爭，導致血染大地。這根本不是為了增進全民的福祉，只是為了贏得自己更多的權力罷了。

今日的工商社會裡，仍有大多數人也是抱持著想凌駕於人的相同動機。他們瘋狂追求權力，就以金錢作為武器，傷害了數百萬人的生命和心靈。這些企業界的霸主就如同古代的君王，都受到了權力的蠱惑。

耶穌早已看穿這個追求統治、利益薰心的邪惡世界，並且力求推翻。請閱讀《馬太福音》第二十三章，看看耶穌如何描述那些想要被尊為「主人」的法利賽人，其實他們是為了追求高位、為了統治他人，為了將苦難施加於不幸之人身上。而且注意耶穌如何教人區分這種統治別人的慾望，以及呼籲門徒如兄弟般地追求「共同的益處」。

「假冒為善」的法利賽人

在《新約聖經》裡，耶穌常指責法利賽人。他們注重外在的行為表現，產生假裝與偽善，只求在人前誇口，得到其他人的稱讚。他們喜愛坐宴席上的首座、會堂裡的高位，不願意悔改、拒絕救恩。

所以請你小心，不要讓自己受到蠱惑去追求權力、成為「大師」、凌駕他人，以及透過炫耀浮華讓人羨慕等等。

這種追求凌駕他人的心智，就是競爭性的心智。而這種競爭性的心智就不是創造性的心智。想要主宰你的環境及命運，並非意味著你需要去支配其他人。而且事實上，一旦你陷入這種追求高位的權力遊戲之中，那麼你反而會逐漸被命運及環境所征服，而最終你的致富願望將變成一種機運和投機了。

所以千萬別落入競爭性的心智之中！有關創造性的行動，最好的說明就是已故的西班牙托列多市長瓊斯指出的「黃金原則」：「我自己想要的東西，我會希望每個人都能擁有！」

15

成為不斷進步的人

The Advancing Man

請在工作之中、工作之前、工作之後，時時刻刻都抱持著自我提升的信念與意圖。

不斷進步的人，將會傳給其他人提升生命的願景

我在上個章節所說的一切，不論是專業人士、受薪階級，以及從事銷售業的商業人士，各行各業都能受用。

不論你今天是醫師、教師或牧師，只要你能讓其他人感受到你能提升他們的生活，傳達給他們這樣的感覺，那麼他們就會受到你的吸引，並且你就會致富。

一位心懷願景的醫師，相信自己能成為偉大而成功的醫者，他只要依照本書之前章節所描述的方法，也就是以信念及意圖為他的願景努力工作，那麼他將會與「生命之源」建立起緊密關係，並且迎來巨大的成功。前來向他求醫的病患，將會絡繹不絕。

在所有行業中，醫界從業人員算是最有機會能將本書所教導的內容徹底實踐的人了。因為不論他是哪個醫學門派，醫治的原則都是相同的，並且都能夠治癒病人。所以一個在醫界不斷進步的從業人員，只要心中懷著自己能成功的清晰意象，並且遵循信念、意圖及感謝法則，不論使用什麼療法，都一定能夠成為一位能夠治好每個病患的當代華陀。

在宗教領域，芸芸眾生都渴求著一位能夠教導他們迎向美好生活的精神導師。所以任何一位同時精通致富、健康、成功、以及愛的科學法則的人，只要他能將這些法則的細節教給其他人，就絕對不會缺乏信徒。這就是這個世界所需要的福音。它能夠提升生命，而世人也將會欣然接受，大力支持這位傳達福音之人。

而我們現在需要的，就是向世人親身實際證明這一切。我們希望他不僅能告訴我們怎麼做，而且他本身就是一位這樣做的實踐者。我們需要一位已經富裕、健康、成功以及受歡迎的傳道者，來教導我們如何致富、保持健康、贏得成功以及受人喜愛。當這樣的人出現時，必定會有大批的信眾追隨。

同樣的情況也適用於杏壇。任何教師只要擁有提升生命的信念及意圖，並用此來啟發他的學生，那麼這位老師永遠都不用煩惱他會「沒有工作」。任何心懷這種信念及意圖的老師，都能夠將之傳達給他的學生。如果這就是他本身生活及實踐的一部分，這位教師一定會忍不住把這樣的想法傳到每一個學生身上。

這個情況不只適用於教師、牧師、醫師，也適用於律師、牙醫、不動產經紀人、保險業務員等各行各業的人。

我前述所說的，有關「將心智層次的思想與個人的行動結合」的觀念，是絕對不會出錯的。這樣做是絕對不會失敗的。任何人只要謹守這些指示，並且鍥而不捨，都將會致富。「生命提升」的法則就像數學公式那樣的精準，也猶如萬有引力那樣的確定。致富就是一門精確的科學。

老闆不提供升遷的機會，員工就自己當老闆

受薪階級就如同其他行業般，也能夠從這項法則中受惠。所以不要因為自己做著看似沒有前途的工作，或身處薪水微薄但開銷龐大的處境中，就覺得自己與致富無緣。請即刻就將你想要的一切描繪成清晰的心中願景，並且開始用信念與意圖來付諸行動。

每一天做你能做的所有工作，並把每件工作都做好。將成功的力量和致富的意圖，注入到每件你做的事之中。

但是請記住，不要因此去討好你的老闆，以為在老闆或上司的面前有所表現，他們就會看見你的工作表現，給你升遷的獎賞。他們是不太可能會這麼做的。

一個盡忠職守、並對此滿足的「好」員工，是不會被他的老闆提拔的。因為提拔這樣的員工，並不符合老闆的利益。他的老闆巴不得這樣的員工永遠留在原地。

要確保你能夠晉升，除了把自己的工作做好，甚至超越以外，還有個更重要的關鍵。

一個必然會被提拔的人，是他的能力已經超越了他目前的職位所需，而且他對想要成爲怎樣的人已有清楚的概念。他知道自己想要成爲的樣子，以及下定決心要「成爲」他想要的樣子。

所以不要為了升遷，而去討好你的老闆，做超過你目前職位的事情。你做超過你目前職位的工作，只是為了自我提升。請在工作之中、工作之前、工作之後，時時刻刻都抱持著自我提升的信念與意圖。保持這樣的態度，讓任何與你打交道的人，不論是你的上司、同事、下屬或熟人，都能感受到你散發的強大意圖力量。這樣一來，所有人都能從你身上感受到進步和提升的力量。人們將會被你吸引而來，如果你目前的工作已經沒有任何發展的可能性，很快地你也會看見新的工作機會來到你的面前。

宇宙間有一股「力量」，眷顧著遵循致富法則而「不斷進步的人」，這樣的人總會享有源源不絕的機會。

只要你按照「必然致富的法則」行動，造物主就會忍不住想幫你。祂一定會這樣做的原因，是因為幫你就是在幫祂自己。

無論是你的環境或所處的行業別，都不能阻礙你。如果你在一家鋼鐵公司上班不能致富，你可以去經營一塊十英畝的農場就有機會發大財。如果你開始按照「必然致富的法則」行動，你就一定能逐漸脫離這家鋼鐵公司的「魔爪」，在農業或任何你期望的事業中致富。

如果這家鋼鐵公司的所有員工都按照「必然致富的法則」採取行動，那麼這家鋼鐵公司肯定很快就會面臨困境了。它需要提供員工更多的機會，才能留住他們，不然就要關門歇業了。沒有任何人必須為一家公司工作。這些企業只留得住那些因為不了解，或甚至懶得去實踐這門致富的科學，就認為自己的人生沒有希望的員工而已。

請即刻開始按照這個方式思想及行動，你的信念和意圖很快地就會為你帶來改善生活的機會。

這些機會真的很快就會到來，因為讓「一切」啟動、為你運作的「至高者」，會將這些機會帶到你面前。

不要被動地等待符合你期望的機會到來。當你發現有任何超越你現在的機會出現，而且你覺得受到吸引時，那麼就接受它吧！因為這將是你取得更大機會的墊腳石。

對於一個不斷進步的人來說，在這個宇宙中的機會是源源不絕的。

因為這是宇宙奉行的法則，一切事物都為這樣的人所用，並且為他的利益而一起工作。一個人只要按照「必然致富的法則」思想及行動，他就必定能致富。請讓受薪階級的男男女女，都仔細閱讀這本書，並滿懷信心地按照書中提供的方針付諸行動。所有的人都能成功致富。

16

一些注意事項與最終建議

Some Cautions, and Concluding Observations

只有那些處於競爭性層次的人才會覺得時機不好、前景堪憂，但對你來說，絕不是這樣。你可以創造你想要的一切，而且無畏無懼。

無論你在哪種體制裡，都無法阻礙你邁向致富

有些人會覺得可笑，認為這世上哪有什麼致富的科學。因為認為財富的供給就是有限的，他們堅信如果要讓更多人獲得更好的生活，那麼社會或政府機關得要先有所改革才行。

然而這並不是事實。

確實目前的政府使得大部分的人無法脫離貧困，但真正的原因是因為大部分的人都沒有按照「必然致富的法則」思想及行動。

只要大部分的人都願意按照本書中所建議的方式開始改變，那麼將沒有任何政府機關或工業體制能夠阻礙他們的發展，反倒是所有體系都必須配合這個趨勢而加以改變。

如果人們具有「不斷進步的心智」，並且抱持著絕對能夠致富的「信念」，再用堅定的「意圖」朝著致富的方向邁進，所有人都必定能夠脫貧。

不論處在任何時代，或受任何政府的管轄，任何人都可以按照「必然致富的法則」而行，讓他們變得富有。當這麼做的人多到一定的數量時，就會迫使他們的政府進行改革，創造出更多機會給所有人。

當透過競爭方式而致富的人越來越多，這個世界的其他人就會越來越慘。當透過創造方式而致富的人越來越多，那麼這個世界的其他人就會越來越好。

要拯救蒼生脫貧，唯一的方法就是讓更多人來實踐本書所教導的科學方法，通通變富有。這些致富的人就能樹立起榜樣，啟發了更多的人，讓他們重新燃起對真正生活的渴望，相信自己有達成真正生活的信念及達成真正生活的意圖。

但是在現階段，你需要知道這一點就夠了：無論你受到哪種政府管轄，是在資本主義的體制之下，或是位於任何處於業界的競爭體系之中，都無法阻礙你邁向致富。當你進入到創造的層次時，你就能夠從這一切之中超脫，成為另一個國度的子民。

但是請你記住，你的思想一定要維持在創造的層次上。不要讓自己再猶疑，致使自己再度落入競爭性思維，認為財富的供應是有限的，或又落入競爭的心理層面。

一旦發現你又回到舊思維的方式，就要立即修正。因為當你落入了競爭性的心智之中，你就會失去與「整體的心智」的合作關係。

請不要杞人憂天，成天設想著未來可能的變化以及該如何應對，除非這些未來的事情真的有可能影響到你今日的行動。你需要關注的永遠是好好地把今日的事情做好即可，而不是煩惱那些還沒到來的明天。當這些未來真的到來時，你再處理就好。

你也無須庸人自擾，擔心著一些可能會影響你事業的障礙，除非你能確定今日就必須改變路線才能避免掉這些障礙。

因為無論前方可能的阻礙有多巨大，你將會發現只要你按照「必然致富的法則」而行，一切都能夠船到橋頭自然直，或者逐漸煙消雲散。

任何人只要按照這個嚴謹的科學法則行動，就沒有什麼狀況能夠阻擋他。沒有任何奉行這個法則的人不會致富，因為這是必然的結果，就好像二乘二絕對會等於四。

不必為那些可能的災難、障礙、恐慌或不利情況而產生焦慮的想法。因為這些事情要是真的發生了，在遇上之前，你也有足夠的當下去處理，而且你將會發現每個困境的到來，其實都會伴隨著它的解決之道。

請謹言慎行。不要說出對自己的人生負面的言論，或者表現出對自己的人生消極的樣子。

不要承認失敗的可能性，或是暗示失敗的機率存在。

不要去抱怨時機不好，或覺得事業的前景堪憂。只有那些處於競爭性層次的人才會覺得時機不好、前景堪憂，但對你來說，絕不是這樣。你可以創造你想要的一切，而且無畏無懼。

當別人覺得時機不好或事業不順時，你將能找出你最好的機會。

要訓練你自己，以正面的態度看待這個世界，相信這些正在「形成」、正在成長。另一方面，也請相信眼前所見的邪惡儘管存在，但卻是沒有任何發展的。請你永遠只談論成長的概念。其他的只會否定你的信念，而當你否定你的信念時，你就會失去信念了。

塞翁失馬，焉知非福？

永遠不要讓你自己感到失望。當你期待在某個時刻得到某個東西，但卻沒有在那個時間得到，請你不要覺得自己失敗了，只要你抱持著你的信念，你將會發現這只是失敗的表象。

只要你繼續依法則而行，就算你沒有得到那樣東西，不久之後，你也會得到比它更好的東西，這時你就會赫然發現，原來當初看似的失敗其實是一個偉大的成功。

有一名學習這門科學的學生，想要進行一項企業整合的工作，這在當時對他來說是非常渴望做的事，他辛苦工作了幾週，但是當關鍵時刻到來時，不知怎麼地卻失敗了。彷彿有股看不見的力量，冥冥之中在和他作對。不過他並沒有因此氣餒。相反的，他卻感謝造物主駁回了他的渴望，並且持續保持感謝的心。幾週後，一個更好的機會出現在他的面前，他發現要是他當時成功了，那麼他就一定會錯失這個機會。這時他才知道，原來無所不知的「偉大心智」是為了不讓他因小失大才做出這樣的安排。

如果你能抱持你的信念，堅持你的意圖，並且心存感謝，然後每一天好好做事，把當天的事情都做好，以成功的方式去完成每件事，那麼你就會發現所有表面上的失敗，都會為你帶來更大的成功。

當你失敗了，是因爲你要求的還不夠多。請繼續堅持下去，這樣一來，比你所尋求的更美好的事物就一定會到來。請記住這點。

你不會因為自己缺乏天分或沒有才能，就注定在某方面失敗。如果你遵循著我所說的去做，你就一定能夠發展出要成就該事業所需的一切才能。

雖然培養才能的學問並不在本書的討論範圍內，但是基本上它跟致富的過程一樣簡單而明確。

所以不要害怕或擔心當某個機會到來時，你會因為缺乏所需要的才能而與之擦肩而過。請繼續堅持下去，因為當那個時刻到來時，你必定會具備所需要的能力。沒有受過正規教育的林肯總統，同樣也是受到了這股「能力之源」的幫助，才能夠隻身完成治理美國的大業，而這樣的幫助你也可以獲得。你可以向偉大的「本源」要求提供你在承擔任何責任時所需要的一切智慧。請帶著堅定的信念，繼續堅持下去吧！

仔細閱讀這本書。讓它持續伴著你，直至書中闡述的道理深深地刻在你腦海裡。當你心中的信念堅如磐石之後，自然就會放下許多大部分娛樂和消遣。迴避任何散播與本書理念衝突的課程或演講，這會對你有所幫助。除了本書〈作者序〉中所提及的作家著作外，不要去閱讀任何悲觀或與本書理念衝突的書籍，也不要與人爭論這件事。請把你大部分的閒暇時間，好好地用在冥想你的願景，培養感謝的心，還有研讀這本書。因為這本書記載的，就是你致富所需的一切。而在下一章中，我們將回顧所有本書的重點摘要。

17

致富科學的摘要

Summary of the Science of Getting Rich

1. 這世上有一種具有思想的本源存在，它的原形遍布於世，並且是萬物之源，能滲透、穿入及充滿在這個宇宙之中。

2. 在這個「實有」裡，一個思想會產生對應的事物，並按那思想創造出來。

3. 人類可以在他的思想裡構思各種事物，藉由將他的思想傳給「無形的實有」，如此一來，他所想的事物就會被創造出來。

4. 爲了要達成這點，人類必須從競爭性思維轉成創造性思維。否則，他將無法與「無形的智慧」和諧共處，因爲「無形的智慧」永遠是創造的，永遠不是競爭性的精神。

5. 人類可以透過對「無形的實有」所給予的祝福心存眞切的感謝，與「無形的實有」建立和諧的關係。感謝的心可以將人類的心智與「實有」的智慧合而爲一，如此人類的思想就能被這個「無形」所接收。人類可以透過持續且深深的感謝，將自己與這個「無形」合一，就能維持在創造性的層次上。

6.他必須有一幅清楚的心中圖像，知道自己要的是什麼東西、想做什麼事情，用信念和意圖將這幅心中圖像牢牢記住，最後再用堅定不移的信念，相信自己一定會得到，同時向滿足他所有渴望的「崇高者」表達深深的感謝。任何渴望致富的人，都必須要運用他的閒暇時間去冥想他的「願景」，並且誠摯感謝這一切已經在到來的路上。不斷冥想你的心中意象，並且抱持堅定不移的信念及虔誠的感謝。這是讓你將你的訊息傳給「無形」，並且啓動一切創造力量的過程。

7.創造的力量會透過當下在自然界、產業界或社會秩序中既有的管道來運作。任何人只要遵循著上述的指示去做，並且抱持堅定不移的信念，都能夠使他的心中意象成眞。他想要的一切將會透過既有的商業或貿易管道來到他的身邊。

8. 爲了在他想要的事物到來時，能夠順利地收下，他必須要有所行動。而這個行動，就是要對自己現在的職務做得更多。他必須在心中具有致富的「意圖」，一步步實現他的心中意象。他必須每天都做到所有當天能做的事，並以成功的態度完成每件事情。他給予別人的使用價值，都必須高於他得到的金錢價格，如此一來，每項交易都讓生活更美好。他必須持有「進步的思想」，讓每個與他接觸的人都能感受到他所傳達的「提升」印象。

9. 任何人依照上述指導行動，都必能致富。他們獲得的財富將取決於他們願景的清晰度、他們意圖的堅持度、他們信念的堅定度，以及他們感謝的深刻度。

附錄　中英譯名對照表

「一」　One Thing
一元論　monistic theory
一生萬物　One is All
不斷進步的人　Advancing Man
不斷進步的心智　Advancing Mind
心中意象　mental image
心中圖像　mental picture
心智　mind
心智科學　mental science
主人　Master
史賓諾沙　Baruch de Spinoza
布朗　Brown, J. J.
必然致富的法則　Certain Way
本源　Stuff
本源的實有　Original Substance
正確的法則　Right Way
正確的動機　Right Motive
生命之源　Source of Life
生命臨在　Living Presence
至高者　Supreme
至高的智慧　Supreme Intelligence
至高的靈性　Supreme Spirit
《永恆萬物真理》　*The Eternal News*
全能之神　Omnipotence
共同的益處　Common Good
卡內基　Carnegie
托列多　Toledo
行動　act
〈何為真理？〉What is Truth?
形而上學　metaphysics
投射　project
使用價值　use value
金錢價格　cash market value
叔本華　Schopenhauer
所有力量　All Power
所有心智　All Mind
法利賽人　the Pharisees
表象　appearances
信念　Faith
思想　Thought
思想之源　Thinking Stuff
思想的實有　Thinking Substance
洛克斐勒　Rockefeller
真相　Truth
神智學　Theosophy
馬可尼　Marconi
偉大心智　Mind

附錄　中英譯名對照表

偉大的唯一生命　Great One Life
唯一的實有　One Substance
推動力　Urge
笛卡爾　Descartes
通靈術　Spiritualism
造物主　God
創造性思維　creative thought
提升　Increase
渴望　desire
無形　Formless
無形之源　Formless Stuff
無形的生命實有
Formless Living Substance
無形的供給　Formless Supply
無形的智慧　Formless Intelligence
無形的實有　Formless Substance
無限者　Infinite
萊布尼茲　Leibniz
進程　Becoming
黑格爾　Hegel
意志　Will
意圖　Purpose
愛迪生　Edison
愛默生　Emerson
感謝　gratitude
萬物歸一　All is One
詹姆斯．杰羅姆．希爾
James Jerome Hill
摩根　Morgan
實有　Substance
實相　reality
福爾圖納圖斯　Fortunatus
整體的心智　Mind of the Whole
瓊斯　Jones
願景　Vision
競爭性思維　competitive thought
變得更豐富　Becoming More
顯化　manifest
《鸚鵡螺科學雜誌》　*Nautilus*

i生活 25

致富科學

啟動豐盛願景、轉化創造思維，讓千萬人成功脫貧的百年經典

作　　者　華勒斯・華特斯
譯　　者　蔡仲南
封面設計　黃耀霆　**版型設計**　黃耀霆　**內文排版**　游淑萍
副總編輯　林獻瑞　**責任編輯**　簡淑媛

社　　長　郭重興　**發行人**　曾大福
業務平台　總經理 / 李雪麗　副總經理 / 李復民
實體通路暨直營網路書店組 / 林詩富、陳志峰、郭文弘、賴佩瑜、王文賓
海外暨博客來組 / 張鑫峰、林裴瑤、范光杰
特販組 / 陳綺瑩、郭文龍
印務部 / 江域平、黃禮賢、李孟儒
出 版 者　遠足文化事業股份有限公司　好人出版
新北市新店區民權路108之2號9樓
電話02-2218-1417#1282　傳真02-8667-1065
發　　行　遠足文化事業股份有限公司　新北市新店區民權路108之2號9樓
電話02-2218-1417　傳真02-8667-1065
電子信箱service@bookrep.com.tw　網址http://www.bookrep.com.tw
郵撥帳號 19504465 遠足文化事業股份有限公司
讀書共和國客服信箱：service@bookrep.com.tw
讀書共和國網路書店：www.bookrep.com.tw
團體訂購請洽業務部(02) 2218-1417 分機1124
法律顧問　華洋法律事務所　蘇文生律師
印　　製　成陽印刷股份有限公司　電話02-2265-1491

出版日期　2022年3月16日初版一刷　**定價**　300元
初版二刷　2023年2月6日
ISBN　978-626-95762-1-0

國家圖書館出版品預行編目(CIP)資料

致富科學：啟動豐盛願景、轉化創造思維，讓千萬人成功脫貧的百年經典 / 華勒斯・華特斯作；蔡仲南譯. -- 初版. -- 新北市：遠足文化事業股份有限公司好人出版：遠足文化事業股份有限公司發行, 2022.03
224面；14.8x21 公分. --（i生活；25）
譯自：The science of getting rich.

ISBN　978-626-95762-1-0（平裝）

1. 成功法　2. 財富

177.2　　111002741

讀者回函QR Code
期待知道您的想法